불안한 마음을
잠재우는
법

정신건강의학과 전문의가 알려주는 무너지지 않는 마음 장벽 세우기

불안한 마음을 잠재우는 법

초판 1쇄 발행 2020년 12월 1일
초판 4쇄 발행 2021년 11월 16일

지은이 하주원

책임편집 김혜영
디자인 Aleph design

펴낸이 최현준·김소영
펴낸곳 빌리버튼
출판등록 제 2016-000166호
주소 서울시 마포구 월드컵로 10길 28, 202호
전화 02-338-9271 I **팩스** 02-338-9272
메일 contents@billybutton.co.kr

ISBN 979-11-91228-00-7 03180
ⓒ 하주원, 2020, Printed in Korea

이 도서의 국립중앙도서관 출판예정도서목록(CIP)은 서지정보유통지원시스템 홈페이지(http://seoji.nl.go.kr)와
국가자료공동목록시스템(http://www.nl.go.kr/kolisnet)에서 이용하실 수 있습니다.(CIP제어번호:CIP2020046338)

불안한 마음을
잠재우는
법

정신건강의학과 전문의가 알려주는 무너지지 않는 마음 장벽 세우기

하주원 지음

빌리버튼 billybutton

불안하다고 불행한 것은 아니다

아직도 정신건강의학과 하면 이상한 사람들이 온다고 생각하시는 분들이 계신가요? 정신과 의사로서 10년이 넘는 시간 동안 진료를 해보니 그렇지 않다는 걸 알게 되었습니다. 저는 진료실보다 가끔 은행이나 카페에 가거나 지하철을 탔을 때 이상한 사람들을 훨씬 많이 봅니다. 그렇다면 도대체 정신과에는 어떤 사람들이 오는지 궁금하시죠. 글쎄요, 저는 지극히 보통 사람들이라고 생각합니다. 우리 주변에서 쉽게 만날 수 있는 보통 사람들이요. 그럼에도 특징을 꼽아보자면 예민하고 불안한 분들이 많습니다. 작은 1인 의원을 운영하고 있어서인지 불안장애 환자가 가장 많습니다. 불안장애가 아니더라도 진료하면서 불안에 대한 이야기가 오가지 않는 경우가 드뭅니다. 15년간 정신과 의사로서 많은 사람들과 이야기를 나누면서, 우리가 가장 흔히 겪는 정신적 고통 불안에 대해서 꼭 이야기해보고 싶었습니다.

정신과 의사가 되어서 가장 안 좋은 점은, 제가 힘들 때 정신과나 심리상담센터를 찾아가기 너무 어렵다는 것입니다. 저역시 살면서 불안을 느끼고, 불안한 감정이 심해지는 순간이 있습니다. 그럴 때면, 내 이야기를 들어줄 전문의를 찾아가보고 싶습니다. 그런데 (이 업계가 좁다 보니) 친분이 없는 정신과 의사를 찾기가 힘듭니다. 모르는 사이라고 해도 상담을 하다보면 무슨 일을 하는지 알게 마련인데, 정신과 의사인 걸 알게된다면 순수하게 치료받기가 쉽지 않습니다. 그 대신 정신과 의사로 살면서 좋은 점은 매일 환자 분들께 배울 수 있는 거예요. 누군가의 삶에서 어려운 순간을 함께하는 것은 교과서보다도 훨씬 큰 가르침을 줍니다. 끝나지 않을 것 같은 불안의 긴 터널을 극복하는 놀라운 경험을 함께하면서 깨달음을 얻습니다.

많은 분들이 불안을 완전히 죽이지 못해도, 살살 달래며 잠재우며 살아가는 모습을 봅니다. 불안이 남아 있어도 불안장애에서는 벗어난 모습을 봅니다. 큰 불안의 소용돌이를 겪은 뒤 예전보다 더 잘 살아가시는 분들을 보며 제가 오히려 힘을 낼 수 있었습니다. 그 비밀스럽고 생생한 경험을 어디 가서 낱낱이 자랑하지는 못하지만 이렇게 정리해서 책으로 엮을 수 있다는 기회에 감사합니다. 익명의 삶에서 나온 기적들을 전달할 수 있어서 뿌듯합니다.

심리 서적을 쓰는 작가가 되어 가장 안 좋은 점은 심리나 정신건강에 대한 책을 편하게 읽을 수 없다는 점입니다. 글을 쓰는 기회를 얻는 대신 이런 책을 통해 치유받을 기회를 영원히 잃어버렸습니다. 그럼에도 감사합니다. 남들보다 예민해서 정신과 의사도 될 수 있었고, 이렇게 글을 쓸 기회가 생겼으니까요. 왜 나는 남들보다 쉽게 불안해지나고 불평하는 것보다 걱정 많은 팔자를 받아들일 때 행복합니다. 저마다 불안해서 힘들지만, 불안하다고 불행한 것은 아닙니다.

불안은 더불어 살아가야 하는 존재입니다. 불안한 마음, 쉽게 불안해지는 몸을 거부하고 없애려 애쓰기 보다는 잠을 재우듯 다루는 방법을 함께 고민해보면 어떨까 싶습니다.

앞으로 제 자녀들도 이 책을 곁에 두고 가끔 펼쳐보기를 바라며 썼습니다. 예민한 제 유전자를 물려받고, 걱정 많은 엄마를 보며 자란 제 아이들이 그저 쿨하고 걱정 없이 살기는 어려울 것입니다. 괜찮습니다. 불안한 마음을 없애지 않고, 어느 때는 잠재우다가 필요할 때는 깨우다가 하면서 불안과 잘 지내기를 바랍니다. 책을 위한 책보다는 정말 사람을 위한 책을 쓰려고 애썼습니다. 부족한 사람이 할 수 있는 최대한의 정성으로 적어낸 진심을 이 책을 읽는 모든 분들께서 나누어 가지면 좋겠습니다.

— 하주원

1부 | 불안을 끌어안고 살아도 괜찮습니다

3장 | 평온한 일상을 무너뜨리는 것들

4장 | 불안한 몸에 대처하는 방법

2부 | 남들보다 조금 더 불안을 느끼는 사람들

1부

불안을

끌어안고 살아도

괜찮습니다

세상에 태어나던 중요한 순간을 기억하는 사람은 없습니다. 하지만 누구나 불안했을 것입니다. 어둡고 따뜻하고 고요한 엄마 뱃속에서 잘 살다 나오게 되었으니까요. 갑자기 만난 세상은 소란스럽지만 밝습니다. 앞으로 어떤 세상이 펼쳐질까? 설레지만 상황이 안 좋아질 수도 있으니 불안합니다. 갓난아기가 이렇게 언어로 생각하지는 않지만 우리가 불안할 때와 마찬가지로 몸을 떨고 식은땀이 나고 심장이 빨리 뜁니다.

불안은 과연 무엇일까요? 마음이 편하지 않은 상태이자 정신적 무질서입니다. 정신은 내 방의 모습과 마찬가지입니다. 사람마다 '깨끗하다'에 대한 정의는 다르겠지만, 열심히 치워도 완벽히 정돈되었다고 느끼는 순간은 거의 없습니다. 보여주기 부끄러운 순간이 대부분입니다.

마음은 대부분의 순간 무질서합니다. 불안한 상태와 평온한 상태를 칼로 자르듯이 확실하게 나눌 수 있지 않습니다. 더 불안한 시기와 덜 불안한 시기가 있을 뿐이지요. 불안한 순간보다 편안한 순간이 더 적을 수도 있습니다. 그만큼 우리는 어느 정도 긴장한 채 살아내고 있습니다.

정신건강의학과 의사를 15년 넘게 하며 불안을 사라지게 할 방법을 찾지는 못했습니다. 다만 불안한 사람들을 보면서 적어도 불안이 나만의 문제가 아니라는 것은 확실히 압니다. 다들 더 잘 살고 싶어 애쓰는 마음에서 불안이 생깁니다. 아무것도 바라지 않으면 불안도 없습니다. 모든 것을 다 내려놓은 평화를 원하는 사람도 있습니다. 하지만 실제 그런 상태에 도달하기는 어려울 뿐더러, 도달하더라도 잠깐입니다. 티베트의 산속이 아니고서야 21세기의 도시에 살며 그렇게 다 내려놓고 불안을 버리는 삶이 이상적일까요?

불안은 '불행'이 아닙니다. 불안을 쫓아내지 못한다면 한번 잘 지내보는 것은 어떨까요? 내가 느끼는 불안을 죽일 수는 없습니다. 잠을 재우듯 달래며 살아가야 합니다.

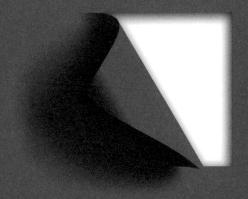

1장

불안은 어디에서

오는가

우리는 왜 불안할까

저의 진료실에는 불안 때문에 오시는 분들이 가장 많습니다. 불안의 이유가 없다는 분도 있고, 분명한 이유가 있기도 합니다. 함께 이야기하다 원인을 발견할 때도 있습니다. 시간이 흐르고, 증상이 좋아지면서 생각이 바뀌기도 합니다. 때로는 정신과 의사 또는 내담자가 처음 불안의 원인이라고 믿었던 것과 다른 이유를 발견합니다.

"왜 불안하세요?"라는 질문을 했을 때 요즘 심리학에 대한 책과 정보가 많다 보니 종종 듣는 답변이 있습니다. 어렸을 적 부모님과의 관계에 문제가 있어서, 애착 문제, 성격 장애, 자존감이 낮아서, 트라우마 때문에……. 이런 수준 높은 대답을 들으면 저는 깜짝 놀라다가도 우리가 심리학 과잉의 시대에 살고 있는 것은 아닐까 하는 생각도 듭니다. 정보의 양은 많은데, 그 중 진짜 나에게 맞는 것이 무엇인지 모르게 되어버리는 것이죠. 자기 자신을 알고자 하는 욕구는 많으나 해결책이 없는 결론을 얻습니다. 결국 '나'를 더 잘 알게 되었는데 삶의 질이 더 높아지거나 행복해지지 않는 문제가 생겨납니다.

내가 왜 불안한지에 대한 질문이 부담스럽다면 인간은 왜 불안한가 라고, 생각해봅시다.

"그의 나날은 근심이요 그의 일은 걱정이며 밤에도 그의 마음은 쉴 줄을 모르니 이 또한 허무이다."

구약성경 《코헬렛》에 나오듯 우리 삶 자체는 원래 불안으로 가득합니다. 인간이 어리석어 불안하다고도 하지만 저는 그렇게 생각하지 않습니다. 오히려 인생에 대해 꽤 많은 것을 알고 있어서 불안합니다. 잘못하면 벌을 받고 착하게 살면 구원을 받는 권선징악이 그대로 실현되지 않습니다. 좋은 사람이 젊은 나이에 세상을 뜨고 악인이 오래 삽니다. 땀 흘려 일하는 사람보다 재테크를 잘한 사람이 경제적 풍요를 누립니다. 묵묵히 자기 일을 하는 쪽보다도 아랫사람을 이용해먹는 쪽이 빨리 승진합니다. 사슴이 뭘 잘못해서 사자에게 잡아 먹히는 것이 아닙니다. 착하게 산다고 복을 받지 못하는 것, 고생 끝에도 낙이 오지 않을 수 있다는 것, 축복이나 저주가 힘이 없다는 것을 충분히 알기에 우리는 열심히 살면서도 불안합니다.

세상이 원래 싸움으로 가득하고 시끄럽습니다. 그 점을 알고 있으니 늘 불안한 것입니다. 그 대신, 혼자만 불안한 것은 아니니까 속상해하지 맙시다. 그래도 열심히 사는 것이 넋 놓고 있는 것보다는 분명히 낫습니다.

불안의 이유 알기

불안의 이유는 여기저기 있습니다. 방금 있었던 일, 과거부터 뿌리를 내린 부모와의 관계, 어렸을 적 겪은 충격적인 사건, 타고난 기질 또는 유전자, 불황 및 양극화 등 사회적 상황…… 모두 이유가 될 수 있습니다. 이 모든 것이 각각 불안의 원인이 되기도 하고, 어느 순간 합세해서 우리를 괴롭힙니다.

어떤 사람이 두려움 많고 주변 자극에 예민한 성격을 타고났다고 합시다. 그런데 이 사람은 수줍은 성격 탓에 밝고 명랑한 아이들에 비해 더 많이 혼나며 자라납니다. "남자가 그런 식으로 소심하게 굴면 안 돼." 이렇게 어깨를 툭툭 치며 쉽게 말합니다. 각자 한마디씩 해도 듣는 사람 입장에서는 여러 마디입니다. 나는 소심한 사람이고 긴장하는 게 남들 눈에도 보인다는 것을 깨닫습니다. 때문에 사람들 앞에 나서는 상황에서 더 불안해집니다. 부모님은 자신감 있고 밝은 성격을 만든다며 일부러 극기훈련 캠프에 보내기도 했습니다. 캠프에서 밤중에 숲에서 길 찾는 체험을 하다 얼어붙어 한 발짝도 움직이지 못하고 결국 교관의 도움으로 숙소에 돌아왔습니다. 밤에 숲에서 길을 찾으라니 그건 어른에게도 어려운 일인데 소심한 성격 탓에 이런 체험을 억지로 하게 되었습니다. 이런 경우 기질과 환경의 상호작용으로 인해 불안이 더 커집니다. 원래 위험 회피의 기질이 강하지 않았다면 듣지 않아도 되는 이야기였고 겪지 않아도 되는 일이었습니다. 이렇게 불안한 사람에게 불안할 만한 일이 더 자주 일어납니다.

한 가지 원인을 겨냥하면 일단 마음이 편합니다. 인간은 잘 몰랐던 것을 이제라도 알게 되었다고 여기면 마음이 놓이니까요. 예를 들어 A형이라 소심한 것이라고 단정 지으면 그때부터 무엇인가 확실해지고 편해집니다. 남 탓하는 것도 편한 방법 중 하나입니다. 정치인이나 사회제도를 탓하면 바로 옆에 있는 사람과는 당장 갈등을 일으키지 않아도 됩니다. 이런 방어기제를 전치displacement라고 합니다. 우리는 많은 갈등을 해결하기 위해서 방어기제를 사용하는데, 알면서도 일부러 그러는 것은 아닙니다. 한 가지 방어기제만 사용하는 사람도 없고요. 방어기제 중에는 성숙한 것과 미성숙한 것이 있는데, 전치는 성숙한 방어기제는 아닙니다. 이것이 불안의 원인이라고 믿어버린다면 언제든지 진짜 원인이 나를 괴롭힐 수 있습니다. 당장은 편하지만 조심해야 합니다.

그래도 저는 환자분들에게 왜 불안한 것 같냐고 묻습니다. 그 원인이 정확한 것도 아니고 제가 없앨 수도 없지만 그래도 출발점이 있는 것이 낫기 때문입니다. 바꿀 수 없는 이유를 지목하는 것도 결국 불안을 받아들이려는 노력의 일종입니다. 아무것도 고민해보지 않는 것보다는 낫습니다.

사촌이 땅을 사서 배가 아픈 건 사실이다

불안의 이유로 '낮은 자존감'을 이야기하는 경우도 많습니다. 정신과에 치료받으러 온 이유 역시 자존감을 높이기 위해서라고 합니다. 낮은 자존감보다는 차라리 사촌이 땅을 사서 배가 아프다고 하는 것이 낫습니다. 구체적인 욕망에 훨씬 더 근접한 이야기이기 때문입니다. 실제로 사촌이 땅을 사면 내가 뒤처진 것 같아 걱정도 되고 비교하는 마음에 스트레스를 받습니다.

스트레스는 단지 마음의 반응이 아니라 몸의 문제입니다. 우리 몸에는 젓가락질이나 달리기를 하는 운동신경, 달콤함이나 통증을 느끼는 감각신경 외에 내장기관을 스스로 알아서 움직이는 자율신경이 있습니다. 심장이 뛰거나, 숨쉬기, 소화, 땀흘리기 같은 것을 우리가 의식적으로 조절하지 않습니다. 달리기를 그만두듯 내 마음대로 그만두기가 어렵습니다. 명령하지 않아도 알아서 움직이니까 자율신경입니다. 자율신경은 대부분 교감신경과 부교감신경이 짝을 지어 활동합니다. 교감신경은 긴장, 투쟁, 흥분, 스트레스 등과 관련 있습니다. 부교감신경은 휴식, 미래를 위한 저장(소화), 충전 활동 등의 역할을 합니다. 둘이 시소를 타듯 상황에 맞게 교감의 힘이 세졌다가 부교감의 힘이 세졌다가 합니다. 발표하거나 집중하거나 싸울 때 교감신경의 힘이 세집니다. 즉, 생존을 위해 싸우는 모드가 됩니다. 이 상태가 신체적 불안입니다.

사촌이 땅을 샀다는 소식을 들으면 질투심과 내가 더 못났다는 생각 등의 스트레스로 교감신경이 항진됩니다. 교감신경이 힘을 받으면 심장은 두근거리고 호흡이 빨라지는 등 신체가 전체적으로 더 활동을 많이 하게 되지만, 반대로 위와 장 등의 소화기관은 멈춰버립니다. 딱딱하게 굳는 근육처럼 말이죠.

소화를 통해서 영양분을 저장하는 것은 훗날을 도모하는 것이 므로 지금처럼 불안한 상황에서 소화까지 할 여유가 없습니다. 원래 부드럽게 움직이던 위와 장이 멈추니 배가 아픕니다. 사촌이 땅을 사면 배가 아픈 것은 자존감 때문이 아니라 자율신경 때문입니다. 실체가 뚜렷하지 않은 자존감보다는 훨씬 과학적입니다.

교감신경과 부교감신경이 힘을 겨루는 과정을 완전히 내 의지로 통제하기 어렵습니다. 가까이 있는 사람이 잘 되었다는 이유로 배가 아픈 것이 창피하다면, 남들에게 있는 그대로 말하지 못해도 괜찮습니다. SNS에는 '낮은 자존감'이라고 포장해도 됩니다. 스스로가 알고 있는 것이 중요합니다. 질투심이나 수치심 등의 욕망과 대면한다면 훨씬 더 불안을 쉽게 잠재울 수 있으니까요.

자존감은 우리에게 꼭 필요하지만, 그 단어 자체가 너무 포괄적입니다. 자기를 사랑하는 마음일 수도 있고, 자기의 잘못된 부분을 허용하는 마음일 수 있습니다. 남들에게 부끄럽지 않은 당당한 마음일 수도 있고요. 자존감이 낮다고 말하는 사람들이 생각을 더 깊게 해보기를 꺼려 하는 경우가 많습니다. 진심으로 자기를 돌아보는 것보다 힘든 부분을 심리학 용어로 포장하는 것이 더 쉬우니까요. 하지만 이렇게 누구에게나 쓰일 수 있는 용어를 통해 진짜 나를 돌아보는 것을 피하고 있는 것은 아닐까요? 지식이 있는 경우와 진짜 내 문제를 돌아보는 것은 다릅니다. 자존감이라는 용어는 사실 예를 든 것 중에 하나이고 많은 사람들이 눈에 잘 잡히지 않는 용어로 도망치고 숨습니다.

아주 작은 시작의 힘

자존감은 모든 것인 동시에 아무것도 아닙니다. 모든 우울과 불안은 자존감과 관련이 있고, 자존감은 앞서 이야기했던 부모의 양육방식, 트라우마, 타고난 본성 등 수많은 요소와 관련 있습니다. 자존감은 중요합니다. 하지만 시작이 아니라 끝입니다. 자존감은 불안의 원인이 아니라 결과입니다. 뭔가 조그만 일이라도 하면서, 작은 변화를 경험하면서 자존감이 높아진다는 것입니다.

취업 준비하는 사람을 떠올려봅시다. 마치 낮은 자존감을 고쳐야 취업도 잘될 것 같은 생각이 듭니다. 열심히 책을 읽고 고민하면서, 또는 상담을 통해 내가 사랑받을 만한 사람이라고 주입을 시킨다고 해서 자존감이 높아지는 것은 아닙니다. 스스로가 남보다 못한 것 같고, 주어진 일을 잘 해내지 못할 것만 같습니다. 이런 불안을 줄이면 자존감은 높아지겠지요. 심리적으로 완성된 사람이 되면 자신 있게 이력서를 제출할 수도 있습니다. 하지만 이는 너무 오래 걸리고 효율적이지 않습니다. 이력서를 내는 것이 크게 손해 보는 일은 아닙니다. 당연히 취직이 바로 되지 않을 수도 있다고 생각하고 서른 번 넘게 이력서를 넣고, 떨어지고, 내 이력서가 뭐가 문제일까 고민해보고, 이력서를 다시 쓰고, 마침내 한 군데에서 오라는 말을 듣는 그 순간 자존감이 조금이라도 높아집니다. 자존감은 결과입니다. 일단 행동해볼 때 오히려 자존감이 빨리 높아지는 경우를 봅니다.

이력서가 어렵다면 훨씬 더 작은 것부터 해봐도 좋습니다. 한 달째 치우기를 미뤄놓은 방 안에서는 무슨 책을 읽어도, 좋은 생각을 해도 자존감을 높이기 어렵습니다. 먼저 방을 치우는 게 낫지 않을까요? 주변이 지저분하다면 방 닦기까지 하지 않아도 됩니다. 쌓여 있는 쓰레기만 버리고 와도 자존감이 조금은 높아질 것입니다. 마음은 어차피 완벽한 정돈이 어려우니까 주변이라도 정돈하는 작은 실천이 낫다는 의미입니다. 마음의 평화를 이룩한 상태에서 뭘 하려고 하니 더 늦어지고 더 불안해집니다. 불안하다고 해서 뭘 못하는 것이 아닙니다. 자존감이 낮고 불안해도 그냥 하면 언젠가 불안은 줄어들 수 있습니다. 특별한 해결책이 없는 근사한 심리 용어에 도망치는 것보다는, 불안한 상태에서 작은 변화라도 만들 수 있을 때, 그 결과로 자존감이 높아질 수 있습니다.

불안의 이유를 바꿀 수 있다면 일단 바꿔라

여기 각자 다른 이유로 불안해하는 세 사람이 있습니다.

- A 주정차 금지구역에 불법주차를 해놓고 음식을 포장해갈 작정인 데 대기시간이 길어져서 불안한 사람
- B 어제 암을 진단받아 불안한 사람
- C 작년 수능 시험장에 가다 교통사고가 나서 지각해 시험에도 집 중할 수 없었는데 올해 또 그럴까 봐 불안한 사람

A의 경우는 요금을 내거나 좀 걷더라도 지정된 주차장을 이 용하는 등 해결책이 있습니다. 다음번에 같은 상황이 되풀이되

는 것을 막을 수 있습니다. 5분 안에 음식을 포장해서 나오려는 계획이 그대로 되지 않을 수 있기 때문입니다. 모든 일이 내 계획대로 돌아가지 않는다는 점을 이해해야 합니다. 그렇다고 그 순간의 불안을 이해 못할 정도는 아닙니다.

B는 바로 어제 암을 진단받았으니 불안한 게 당연합니다. 오히려 암을 진단받았는데 태연하다면 더 이상할 수도 있습니다. 주변에서는 그를 위로해주고 B는 앞으로 할 일을 생각해야 합니다.

C는 사실 굉장히 확률이 낮은 일입니다. 다시 일어나기 힘든 일을 겪었습니다. 불안은 이해하지만 또 그런 일은 일어날 가능성이 낮다고 위로해줄 수 있습니다. 공부한 것에 비해서 시험을 잘 못 치르는 것이 진짜 불안한 일인데, 교통사고처럼 굉장히 낮은 가능성에 기대어 불안의 진짜 이유를 외면하는 것은 아닌지 점검해볼 필요가 있습니다.

우리는 남이 저런 일을 겪으면 "그럴 수도 있지." 하면서도 막상 스스로에게는 더 관대하지 못합니다. '객관적으로'라는 말을 자주 쓰지만, 스스로에게 완전히 객관적일 수 없습니다. 그래서 다른 사람의 일이라면 뭐라고 말할지 한 번 더 생각해봐야 합니다. 다른 사람이 그런 상황에 놓여 있다면 불안해하지 말라고 할 수 있을지 말입니다. 불안할 만한 상황을 예방할 수 있는 상황으로 바꿀 수 있는지, 누구나 불안한 상황인지, 거의 일어나기 힘든 상황인지에 따라 할 일이 다릅니다.

세상 모든 일이 마음에 달려 있다고 하지만 언제나 그런 것은 아닙니다. A의 경우처럼 상황을 바꿀 수 있다면 바꾸는 것도 좋습니다. 현실을 바꾸는 것이 여의치 않다 보니 마음을 바꿔보려는 노력을 하게 됩니다. 상사가 소리 지를까 봐 걱정된다고 무턱대고 직장을 그만둘 수는 없습니다. 시어머니를 볼 때마다 가슴이 두근거린다고 이혼할 수 없지요. 마음 내키는 대로 살 수는 없습니다. 충분히 생각하지 않고 직장을 그만두거나 이혼을 해도 불안할 것이기 때문입니다. 그래도 관심을 끌기 위해 자해를 하거나, 엄마의 돈을 훔쳐 게임 아이템을 사거나, 술 취한 다음 날 불안한 것과 같은 상황은 얼마든지 바꿔 불안을 덜어낼 수 있습니다.

상황을 바꿀 수 있는 기회는 귀한 것이므로 놓치지 말아야 합니다. 불안해할 만한 일이 아닌데 불안해하냐는 그 개념과는 다릅니다. 불안에서 벗어날 수 있는 선택권을 갖고 있는지 없는지를 일단 체크해봐야 한다는 것입니다. 우리가 할 수 있는 일이라는 것이 치료를 받거나, 남에게 거절을 하는 것처럼 힘들고 꺼려지는 일일 수도 있습니다. 하지만 둘러보면 원인을 바꿀 수 있는 기회는 흔치 않습니다. 발견하면, 잡아야 합니다.

불안할 이유를 일부러 만드는 사람은 없습니다. 누가 고통스럽기를 바라겠습니까. 어쩌다 보니 그렇게 된 것입니다. 그 선택을 책임지는 과정이 고통스럽겠지만 불안의 강도와 지속 시간에는 한계가 있습니다. 나를 착취하고 비난하고 이용하는 연인을 끊어내는 과정이 당장은 힘들겠지만 불안에서 오랫동안 벗어나는 길입니다. 쉽지는 않습니다. 하지만 우리 삶에서 내 의지대로 바꿀 수 있는 부분을 발견한다면 당장 그렇게 해야 합니다. 아쉽게도 바꿀 수 있는 게 많지 않으니까요. 김대식 교수의《인간을 읽어내는 과학》에서 보듯 우리는 대부분 비합리적인 선택을 하고 아주 가끔 합리적인 선택을 합니다.

불안의 원인 중에 우리의 의지로 없앨 수 있는 것에는 또 어떤 것이 있을까요? 대부분 비밀과 연관되어 있습니다. 비밀스러운 행위는 늘 불안을 동반합니다. 다른 친구들과 뒷담화를 하면 불안한 것도 그 때문입니다. 뒷담화를 아예 하지 말라는 이야기를 하려는 것은 아닙니다. 모든 순간 당당히 맞서 싸우기 힘들기 때문에 가끔 뒷담화는 필요할 수도 있습니다. 사람 많은 단톡방에서 털어놓거나 이야기를 부풀리다 보면 답답한 마음이 해소되기는커녕 걱정거리가 하나 더 생길 수 있습니다. 완전히 관련 없는 다른 집단의 소수에게 이야기를 하면 덜 불안할 수 있습니다. 고등학교 친구에게 직장 팀장의 이야기를 하거나, 직장 동료에게 시댁에 대한 푸념을 하는 것입니다. 번거롭지만 안전합니다. 반면 그 비밀을 당사자에게 솔직히 고백해야 불안이 줄어드는 경우도 있습니다. 예를 들어 도박을 하다가 7천만 원의 빚이 생겼는데 이것을 혼자 해결하려고 하면 자꾸 도박을 하게 됩니다. 도박을 끊으려면 도박 빚을 가족들에게 정직하게 공개해야 합니다. 일단 비난받을 고통이 크다 보니 상황을 바꾸는 선택을 하기가 쉽지 않죠. 그러나 도박 빚으로 더 불안해진다면 그 불안을 해결하기 위해 다시 도박을 하는 악순환이 반복됩니다.

불안의 이유는 각자에게 중요한 것

어떤 이에게는 엄청 불안할 만한 일이 어떤 이에게는 아무렇지 않기도 합니다. 국어를 잘하는데 수학을 못하는 사람이 있고, 스케이트는 잘 타면서 운전을 못하는 사람이 있습니다. 불안에도 사람마다 강한 부분과 약한 부분이 있습니다. 불안의 이유는 아주 오래된 기억과 연결되어 있습니다. 그 기억을 연결하는 핵심믿음core belief이 마음속에 있다면, 불안이라는 감정은 쉽게 일어나게 됩니다. 그래서 각자가 불안한 부분이 조금씩 다른 것입니다.

저는 건강에 유난히 민감합니다. '누구나 언제든 건강을 잃을 수 있다'라는 생각에 남들보다 자주 건강검진을 받는 편입니다. 주변에 암으로 돌아가신 분이나 지병을 앓는 친구 등 아픈 사람들이 많았기 때문입니다. 전에 없던 증상을 느끼면 쉽게 불안해집니다. 반면, 친구 한 명은 인간의 배신에 대해서 굉장히 민감합니다. "사람은 언제든지 믿음을 저버릴 수 있다."라고 절대적으로 믿더군요. 어렸을 적 친척 간의 배신으로 사업이 망하고 서로 소송을 하는 것을 보았고, 만나는 연인에게 속은 적도 있기 때문입니다.

친구는 저에게 왜 그렇게 건강에 대한 걱정이 심하냐고 합니다. 건강은 하늘의 뜻에 달려 있는데. 내가 어떻게 해볼 수 없는 문제니까 불안합니다. 저는 친구에게 배신을 당한들 병들거나 죽는 것도 아닌데 무슨 걱정을 하냐고 합니다. 만약 남편이 술을 마신 뒤 전화를 받지 않는다면, 길에서 교통사고가 나거나 추운 거리에서 심장마비가 온 게 아닐까 걱정하는데, 친구는 혹시 다른 여자를 만나는 게 아닐까 불안하다고 했습니다. 같은 상황이라도 각자의 오래된 기억 때문에 다른 색깔의 불안을 겪게 됩니다.

각자의 불안한 상황을 완벽하게 설명할 수는 없을 것입니다. 설명을 해도 상대방의 입장이 될 수는 없습니다. 한계가 있습니다. 누군가에게는 굉장히 불안한 이유가 다른 사람에게는 별것 아닐 수도 있습니다. 그러므로 "뭐 그런 것 갖고 불안해하냐."라는 식의 이야기는 서로 하지 않는 게 좋습니다.

다들 불안할 만하니까 불안합니다. 불안 자체만으로 충분히 힘든데 군이 죄책감까지 느낄 필요 없습니다. 우리 마음은 양파처럼 여러 겹의 껍질이 있고 껍질이 동시에 속살이기도 합니다. 정신분석에서 말하는 현실 원리를 따르는 자아^{ego}, 그리고 도덕 원리 중심의 초자아^{superego} 사이의 균형이 중요합니다. 초자아는 평소 자아를 감시하고 검열하는 역할을 하겠지만 그렇다고 너무 심하게 혼내면 자아가 위축되고 제 역할을 하지 못합니다. 별것 아닌 것에도 죄책감을 느끼게 되죠. 불안을 느낄 때 그 감정에 대해 서로 "뭐 그런 것 갖고 불안해하냐."라고 하지 말아야 하는 것은 내 안에서도 마찬가지입니다. 초자아가 자아에게 불안에 대해 자꾸 이야기한다면, 어른이 아이를 혼내는 것과 같습니다. 우는 아이를 혼내면 더 울죠. 안아주고 감싸주고 이해해줘야 울음을 그칩니다.

불안하다면 그 이유를 갖고 불안해하지 말라며 다그치기보다는, "지금 불안하구나."라는 이 한마디를 해주는 게 낫습니다. 남들이 이해하지 못해도 나는 나 자신을 이해해줘야 합니다.

소확행 때문에 **나는 불안하다**

여덟 살쯤 된 아이가 "저는 커서 대통령이 될 거예요."라는 꿈을 말한다면, 그 이야기를 듣고 마음이 불편한 사람은 없습니다. 아이의 부모도 그 꿈이 이루어지지 않을까 봐 전전긍긍하지 않습니다. 꿈이 크다며 흐뭇해할 뿐이지요.

대통령 되기, 우주 여행, 암 정복, 로또 당첨처럼 누가 봐도 이루기 어려운 꿈 때문에 우리가 힘들지는 않습니다. 그 목표를 이루는 것이 어렵다는 것을 모두 알고 있습니다. 달을 향해 화살을 쏘는 것과 같습니다. 목표를 향하는 과정만으로 행복할 수 있으며, 노력하는 동기가 됩니다. 화살이 달을 향하면 바로 앞의 나무를 향할 때보다는 멀리 나가기 때문입니다. 중요한 것은 어려운 꿈을 어렵다고 모두 인지한다는 점입니다. 원대한 목표라는 것을 분명히 아니까 마음이 편합니다. 또 한 가지, 바라는 시점과 이룰 만한 시간까지의 간격이 굉장히 넓습니다. 아이가 대통령이 되려면 많은 세월이 필요한데, 그 사이에 목표를 수정하고 축소하고, 일정 부분 포기하고 현실과 타협할 시간을 벌 수 있습니다.

꿈이 이루어지지 않아 불안하다면, 오히려 작고 소박한 꿈 때문입니다. 즉, 유치원에 다니는 자녀가 하버드대에 갔으면 좋겠다는 목표 때문에 불안하지 않습니다. 옆집 아이는 구구단을 다 외웠는데, 우리 애는 뺄셈도 계속 틀리니까 힘듭니다. 여자 연예인하고 못 사귀어서 불안한 것이 아니라 마음에 두고 있는 같은 과 여학생이 다른 남자 선배랑 어제 술을 마셨으니 불안합니다. 내 자녀가 다른 집 아이보다 똑똑하거나, 내가 마음에 드는 이성이 날 좋아하는 게 절대 쉬운 일이 아닙니다. 실제로 이루기 어려운 꿈인데 마치 작은 행복, 평범한 바람이라고 착각합니다. 이 정도 작은 바람인데 당연히 이루어져야 한다고 여기게 되지 않나요? 작은 것에 만족하자는 소확행 풍조 때문에 불안해질 수도 있습니다. 소확행은 작지만 확실한 행복입니다. 작지만 확실하지 않은 행복 또는 실제 작지도 않고 확실하지도 않은 행복 때문에 지금 불안하지는 않은가요?

평범한 행복의 기준은 시대와 상황에 따라 변하기도 합니다. 코로나19 유행 이전에 당연했던 것들이 지금은 당연하지 않습니다. 2020년에 마스크를 벗고 마음껏 외출했으면 하는 소망은 더 이상 작은 꿈이 아닙니다. 백신이나 치료제가 개발되어야 이룰 수 있으니 너무 큰 꿈이 되어버렸습니다. 우리에게 어떤 일이 닥치든, 뭔가 바라고 살 것입니다. 큰 꿈을 작은 꿈으로 오해하지 말아야 합니다.

'평범함'이라는 함정

명절을 앞두고 많은 노인들이 불안해합니다. 몇십 년 전에 비해 한산하고 쓸쓸한 분위기가 힘듭니다. 현재 노인들이 어릴 적에 겪었던 명절은 그동안 흩어져 있던 식구들이 모여서 정답게 대화하고 정을 나누는 시간이었습니다. 젊어서는 사는 것이 좀 고달팠지만 나이 들면 당연히 자손을 거느리고 3대 대가족의 중심이 되어서 그렇게 살 줄 기대했습니다.

"명절을 평범하게 보내고 싶었는데 그게 그렇게 어려울까요?" 언뜻 이루어지기 쉬운 꿈처럼 느껴집니다. 아니 내가 뭘 많이 바라는 것도 아니고 그런 소박한 꿈조차 이뤄지지 않다니

비참합니다. 추석 연휴를 맞이해 앞뒤 며칠 쉬면서 유럽으로 여행 간다는 것도 아니고, 비싼 호텔에서 호화로운 식사를 한다는 것도 아닌데 말입니다. 대단한 것도 아니고 평범한 삶을 원하는데 뭐가 문제냐고 합니다.

문제는 그 평범함이 실제 많은 사람들이 경험하는 평균이 아닙니다. 평균보다 훨씬 더 높은, 형편이 좋은, 스트레스를 덜 받는, 유지하기 위해 비용이 많이 드는 생활이 '평범의 기준'이 되어 있습니다. 어르신들만의 이야기가 절대 아닙니다. SNS는 그런 왜곡된 생각을 더 강하게 만듭니다. "다들 저보다 잘 사는 것 같아요."와 같은 말이 나올 수밖에 없습니다. '남들처럼 평범하게'라는 희망은 사실 실체 없는 바람이고 그로 인해 우울해질 뿐입니다.

세상은 원하는 대로, 예측대로 되지 않습니다. 당연하지만 완전히 받아들이기 힘듭니다. 우리 뇌는 평범함을 예측하도록 되어 있기 때문입니다. 대학수학능력시험보다도 의사국가고시를 공부하며 더 불안하다는 친구들이 있었습니다. 의사국가고시의 합격률이 90퍼센트에 육박하기 때문입니다. 남들 다 합격하는 평범함에서 나만 벗어날까 봐 두렵기 때문입니다.

4차산업혁명, 인공지능의 영향으로 세상은 더 빠른 속도로 변하고 있습니다. 미래학자 레이 커즈와일의 말대로 기술은 기하급수적으로 발전합니다. 발전의 속도가 점점 더 빨라진다는 것이지요. 어릴 적에는 명절 연휴가 끝날 때까지 시골에 머물렀습니다. 제사 음식을 위해 장 본 것을 한 차에 다 싣고 오지 못해 여러 번 왔다 갔다 했고, 백 명 가까이 모였습니다. 결혼 직후만 해도 제사에 온 시댁 식구가 모였으나 몇 년 사이 모이는 사람들은 줄었습니다. 이제 제사 대신 연미사를 치르고 친정에 다녀오면 끝입니다. 앞의 30년간 겪은 변화보다 최근 10년간의 변화가 더 큽니다. 제 친구들만 해도 이런 일을 겪어보지 않은 사람들이 더 많습니다. 30년 후 명절이 어떨지는 상상할 수 없습니다.

과거와 비교하면 낫더라도 동년배와 비교하면 곧잘 불안해집니다. 전통을 고수하는 집안과 휴가 개념으로 추석을 지내는 집안이 공존합니다. 다같이 힘든 게 아니고 비교하니까 더 힘듭니다. 자신의 시댁과 달리 제사를 없앤 집안이 많다는 게, 아직도 여자들만 일하는 집이 전부가 아니라는 게 더 힘듭니다. 이렇게 글을 쓰는 저 역시 평범함의 환상에서 자유롭지 못합니다. 양가 아버님이 다 돌아가셨으나 '남들처럼' 아버지와 함께하는 추석을 그려봅니다. '그 평범한 것조차 안 되다니! 부모님이 다 계시는 사람들은 얼마나 행복할까. 내가 많은 걸 바라는 것도 아닌데'라고 생각합니다. 그러나 제가 많은 것을 바라고 있는 게 맞습니다. 인생에는 더 큰 불행이 얼마든지 있습니다. 어린 시절에 아버지를 잃은 것도 아니면서 왜 남들과 비교해서 불평합니까? 도대체 평범한 행복은 누가 정한 것입니까? 남들이 갖추었다고 내가 꼭 갖추어야 할 까닭은 무엇입니까?

한 가지 덧붙이자면, 우리의 평범한 일상에는 늘 다른 사람의 수고가 숨어 있습니다. 친척들이 모여 웃고 있는 동안 그 많은 음식을 만드느라 고생했던 어머니들의 고통. 그런 고통이 덜해져서 시대가 좋아졌다고 함께 생각하면 좋을 것입니다. 세상은 나아지고 있고, 빠르게 변하는데 그 속도가 각기 다를 뿐입니다.

상향평준화된 현실은 평범함이 아닙니다. 그러므로 평범한 행복에 집착하지 않는 게 좋습니다. 그것은 처음부터 내 것이 아닙니다. 자녀가 서울대에 가면 좋겠다는 마음과 마찬가지로, 자녀가 긍정적인 성격에 건강하고 평범하게 자라길 바라는 마음 역시 대단한 소망입니다. 많은 것을 바라면서 그저 평범한 것을 바랄 뿐이라고 오해하지는 말아야 합니다.

인지부조화와 불안

확증편향은 자기가 믿고 있는 사실에만 귀를 열어두는 것입니다. 선입견에 맞는 정보만 접수합니다. 답답하고 꽉 막힌 상사에게만 일어나는 일이 아니고 누구나 흔히 겪는 일입니다. 기존의 믿음이 틀렸다고 인정하고 바꾸는 것이 생각보다 어렵습니다. 뇌가 불편하기 때문입니다. 원래 알던 것이 맞다고 믿어야 살기 편합니다. 보이는 대로 믿으면 당장 편합니다. 요즘 같은 정보화 사회에 조금만 검색하면 팩트체크가 쉽다고요? 가짜 정보와 진짜 정보를 알 수 있다고요? 그 많은 정보를 어차피 다 기억할 수 없으므로 그중 무엇에 더 집중하고 기억할지는 기존의 내 믿음에 달려 있습니다. 사람들은 자기 의견과 같은 글을 더 오래 읽고 더 강하게 기억합니다. 그러므로 SNS에 정치적인 글을 써도, 글의 의도와는 달리 반대파를 설득할 수 없습니다. 차라리 의견이 일치하는 사람들끼리 친목을 도모하는 목적으로 정치적인 글을 쓰는 것이 낫습니다.

언제나 진실을 볼 수 없다면 혼란을 받아들이는 것도 좋습니다. 전통 연애 드라마에서 평범한 외모에 성격만 좋고 스펙 떨어지는 여주인공이 돈 많고 시크하지만 알고 보면 한 여자만 바라보는 조각미남 주인공과 사랑에 빠집니다. 실제 예쁜 여배우가 연기해도 자꾸 대사에서 평범하고 못생겼다고 나오지 않습니까. 그런 식의 신데렐라 스토리는 오히려 위험하지 않습니다. 보면서도 "어휴 저런 게 현실적으로 가능하겠어?"라고 하니까요. 대리만족을 느낀들 실제 그럴 수 없다는 것을 압니다. 그래서 괜찮습니다. 타노스가 주먹을 쥐면 온 세상의 절반이 사라지는 이야기, 며느리가 시아버지와 바람나서 시어머니에게 욕설하는 아침 드라마도 어른에게 유해하지 않다고 보는 것이 가짜를 보면서 가짜인 줄 알기 때문입니다.

진짜처럼 보이는 가짜 때문에 우리는 더 불안해집니다. 아빠들이 자녀를 돌보는 프로그램에서 공평하게 가사 분담을 하고 어떤 상황에서도 끝까지 자상하게 아이를 대합니다. 다른 가정은 저럴 것 같다는 환상을 갖게 됩니다. 무대를 갖춘 스탠

딩 개그보다도 리얼리티를 표방하는 버라이어티가 더 정신건강에 해로운 게, 다른 집들은 남편이 저렇게 가사와 양육을 평등하게 도맡는다고 착각하기 때문입니다. 왜곡된 진실은 불안을 낳습니다. 저 멀리 있는 게 아니라 까치발을 하고 손을 최대한 뻗어도 닿을까 말까 한 그 정도의 위치에서 우리를 조롱합니다. 가짜로 만들어진 이야기나 가짜뉴스를 봤을 때 그게 가짜라는 것을 알면 순간 불쾌해도 곧 잊습니다. 진짜라고 믿으면서 가짜를 볼 때가 더 힘듭니다.

묘하게 비틀린 현실과 마주하면 그 과정에서 자기합리화를 합니다. 이게 반복되다 보면 태도와 행동이 일치하지 않는 인지부조화가 생깁니다. 연애할 때 '이 사람 진짜 믿을 만한가?'와 같이 행동을 거스르는 믿음이 생겨나면 실제로 자율신경계는 각성, 즉 교감신경이 우위에 서게 됩니다. 불안하고 불편해집니다.

무엇이 진실인지 모를 때는 자꾸 진실을 알려고 파고드는 것보다는 현재 자신의 마음을 들여다보는 게 좋습니다. 감정을 기준 삼아 취업이나 결혼과 같은 인생의 중대한 결정을 하라는 이야기가 아닙니다. 예를 들어 SNS에 내가 꼭 가고 싶었던 곳에 여행 가고, 내가 갖고 싶은 것만 사서 올리는 지인이 있다고 합시다. 그 사람 역시 좋은 모습만 SNS에 노출할 뿐 살면서 힘든 부분이 있겠지요. 그냥 그 정도로 이해하면 되고 그 사람의 진심까지 이해하거나 진실을 파고들 필요는 없습니다. SNS가 전부는 아닐 테니 그 사람의 결점이나 안 좋은 소문을 확인하고 검증할 필요도 없습니다. 그런 행동을 할수록 더 힘들어지기 때문입니다. 내 마음속에 평소에 없던 부정적 감정이 올라온다는 그 자체가 중요합니다. 그게 미움이든 부끄러움이든 억울함이든 일단 어떤 감정인지를 바라보고 어떻게 대처할지 정하면 됩니다. 우리는 수사관이 아닙니다. 먼저 진실을 모두 알아야 제대로 느낄 수 있을 것이라는 믿음을 버리세요. 100퍼센트 진실에 대한 집착을 버려야 내 마음의 진실에 가까워질 수 있습니다. '아 나는 저 사람이 부럽구나'라고 느낀다면 비교를 계속할지, 질투를 유발하는 요소를 차단할지, 또는 묵묵히 내 갈 길을 갈지, 가까이 다가가서 배울지 결정할 수 있습니다. 그러나 있는 그대로 느끼지 않고 '저 사람도 불행할 거야'라고 예측을 한다면 불안은 그대로 있게 됩니다. 남을 볼 때는 진실을 파악하는 것이 아니라 내 감정을 인정하는 것이 중요합니다.

매 순간 진실할 필요는 없다

남들과의 관계에서 때로는 가면을 쓰지 않습니까? 누가 살면서 매 순간 솔직하고 진실할 수 있을까요? 나 역시 진실하지 않다고 해서 너무 불편함을 느낄 필요는 없습니다. 100퍼센트 진실이 아닌 것과 거짓말이 동의어는 아닙니다. 봉사활동 경력을 위조해서 입사 지원을 한다면 큰 문제지만, 허드렛일도 즐겁게 한다고 말하거나 회식에서 즐거운 척하는 것을 거짓말이라고 보기 어렵습니다. 내 마음이 얼마만큼 진실이 아닌 것을 알면 크게 고통받지 않습니다. 상사가 "회사 생활은 편해요?"라는 말에 "덕분에 편하게 지내고 있습니다."라며 인사치레로 답한다고 마음이 병들지 않습니다. "어떻게 신입사원이 부장이랑 밥 먹으면서 좋아하지도 않는 메뉴를 좋아하는 척할 수 있어?"라고 배신감에 떠는 직장 상사는 없습니다.

바로 깨닫지 않아도 됩니다. 그 당시에는 '우와, 진짜 같네'라고 즐기다가 현실이 아니라는 것을 나중에 깨달아도 좋습니다. 가식적인 미소를 보내거나, 허세 섞인 이야기를 해도 '감안할 만한 거짓'인지 '허용하기 어려운 사기'인지는 사회적 기준과 내 감정의 조화를 통해 판단할 수 있지 않겠습니까.

어차피 인생의 모든 순간이 진실할 수 없는데, 매 순간 진실하려면 더 괴롭고 불안합니다. 마찬가지로 SNS에 행복한 모습만 올리는 사람이 거짓말을 하는 것은 아닙니다. 나도 매 순간 진실하지 않고, 그래도 괜찮습니다. 그 대신 다른 이의 진심을 확실히 알 수는 없다는 점도 받아들여야 합니다. 만난 지 몇 달 된 회사 동료에게 완전한 믿음을 기대할 수 없습니다. 그 동료는 내 나쁜 평판을 들으면 저를 나쁘게 볼 수도 있을 것이고, 내 머리가 별로여도 예쁘다고 해줄 수도 있을 것입니다. 100퍼센트 진실만을 추구하거나 어떤 역경에도 흔들리지 않는 관계를 너무 자주 기대해서는 안 됩니다. 내가 지금 무엇을 하고 있는지, 무엇을 느끼고 있는지, 어디 있는지 알기만 해도 덜 불안합니다.

우리는 왜 다시 불안해질까

원하는 바를 이루면 안도감이 듭니다. 그렇게 원하던 것을 이뤘으니 더이상 불안할 일은 없을 것 같습니다. 3년간 공부하던 공무원 시험에서 마침내 합격하니, 이제 인생의 다른 문제가 찾아와도 그런 것쯤 별것 아닌 것으로 느껴집니다. 수십 대 일의 경쟁률을 뚫고 공무원이 되었으니 평생 감사할 수 있을 것 같습니다. 이제 친구도 당당하게 만날 수 있을 테고, 취직이 안 된다고 떠난 연인보다 훨씬 더 좋은 사람을 만날 수 있을 테지요. 인생의 어느 시점에 모든 것이 해결되면 얼마나 좋을까요?

안도감만 느끼는 상태에서 그 이후의 삶이 무료할 수도 있겠지만, 다행히 안도감은 지루할 정도로 오래가지는 않습니다.

신경전달물질은 신경세포 사이를 돌아다니며 우리 뇌의 활동을 조절합니다. 수십 가지의 신경전달물질이 있지만, 그중 대표적으로 도파민, 세로토닌, 노르에피네프린이 있습니다. 도파민은 성취 및 쾌락과 관련 있는 뇌의 신경전달물질입니다. 뇌의 여러 부위가 연결되면서 한 가지 기능을 하는 것을 회로circuit이라고 하는데, 마치 고속도로와 같은 신경전달물질의 통로입니다. 우리가 목표를 이루는 순간 뇌의 보상회로를 통해 엄청난 양의 도파민이 분비됩니다. 섭씨 100도에서 갑자기 끓는 물처럼 분비되는 도파민은 금세 왔다가 금세 사그라듭니다. 목표를 성취하고 쾌감을 느끼는 도파민은 많은 순간 우리의 동기, 즉 '하고 싶다'는 마음을 조절합니다. 신성하고 정의로운 목표를 이루든, 단순한 쾌락을 추구하든 보상회로에서 도파민이 분비되기는 마찬가지입니다. 양이나 분비되는 방식은 다르겠지만요. 이런 과정을 통해 뇌는 새로운 기준점을 잡습니다. 공무원 시험에 합격해 행복하지만 조금 지나면 그 상태가 새로운 시작점이 됩니다. 즉 예전의 목표가 지금의 현실이 된 것입니다. 인간은 예전의 목표로는 더 이상 행복할 수 없습니다. 손을 뻗어 간신히 닿던 그곳에 이제는 쉽게 손이 닿으니 예전만큼 기쁠 수 없습니다.

그렇다고 목표에 손을 뻗고 마침내 닿는 경험이 무의미하지는 않습니다. 목표를 달성할 때의 기쁨을 알기에 인간은 불안해하면서도 새로운 목표를 또 추구합니다. 불안이 없어지는 것이 의미 있는 발전이 아닙니다. 불합리하고 무의미한 불안에서 가치 있는 불안과 걱정으로 옮겨가는 것이 발전입니다. 임신이 어려워서 불안하던 사람은 이를 성공하면 아이를 잘 키울 수 있을까 걱정하는 것으로 넘어가게 됩니다. 예전보다 더 나아간 이유로 불안해하면, 그걸 해결하기 위해 움직이면, 그 이후에 또 다른 불안이 찾아오더라도 잘 살고 있는 겁니다.

더 나은 불안을 향하여

우리는 여러 번 속지 않았습니까? 'OO만 되면 행복한 삶'이란 건 없습니다. 불안하지 않은 삶이 목표가 아니라 좀 더 발전적인 이유로 불안해하는 삶. 나를 비난하는 연인이랑 어떻게 헤어질까를 고민하다가, 나를 존중해주는 연인이랑 어떻게 하면 연애를 잘할지 고민한다면 불안의 정도는 비슷할지언정 예전보다 나은 걱정을 하는 것입니다.

지금 가장 바라는 것이 무엇입니까? 그 바람을 이루기 위해 열심히 노력하는 것은 분명 중요합니다. 그 노력 끝에 열매를 맺더라도 또 다음 해 열매를 맺기 위해 준비하는 나무처럼, 삶은 그런 것입니다. 또 다른 목표가 생기고 혹시 이루지 못할까 봐 전전긍긍하게 될 것입니다. 세상 평화로운 순간을 행복이라고 여긴다면, 뇌과학적으로 그런 순간은 너무 짧습니다. 낡은 불안을 벗고 새로운 불안을 입는 과정도 행복이 아닐까 합니다.

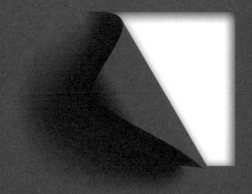

2장

불안의
다양한 모습들

불안이 부끄럽지 않다

우리는 겁쟁이의 자손입니다. 인류가 나타난 30만 년 동안 자손이 끊긴 적 없이 유전자가 보존되어 우리가 존재하는 것입니다. 남들을 압도하는 용기를 가진 사람들이 꼭 생존에 유리한 것이 아닙니다. 1970~80년대 민주화 운동을 하는 자녀들을 말리기 힘들었던 부모들이 "중간에 서라."라는 충고를 했답니다. 앞에 서면 리더로 타깃이 되고, 뒤에 서면 배후조종자로 보이니까요. 무리에 섞여서 튀지 않는 것이 생존에 유리하기 때문입니다. 잭 스나이더 감독의 〈300〉에 나오는 스파르타의 용맹스러운 장수들은 대부분 후손을 남기지 못하고 전사합니다. 스파르타를 두려워해 무려 2만 명의 군사를 몰고 온 페르시아가 결국 전투에서 이기죠. 페르시아 황제는 겁이 많아 자기를 보호하는 수레에서 내려오지도 못합니다. 스파르타의 용감함은 멋지지만 오래가지는 못했습니다. 영웅담에서 용기를 칭송하고 겁쟁이를 비웃지만, 결국 조용한 겁쟁이들이 살아남습니다.

전쟁의 영웅이 아니더라도 위대한 유전자를 물려받은 사람이 우리 중에 얼마나 있겠습니까. 살아남은 자들의 열등감 때문에 두꺼운 족보가 존재하는 것 아니겠습니까. 일단 우리 중에 예수님하고 석가모니의 자손은 아무도 없을 것입니다. 붓다는 왕자 시절 그나마 하나 있던 아들 나후라가 있긴 한데, 손주를 보려고 애쓰기는커녕 스님으로 만듭니다. 불안은 생존을 위한, 유전자를 남기기 위한 수단입니다. 붓다는 이를 극복하고 아들까지 같은 길로 이끌었습니다. 현대를 살아가는 우리에게는 참 어려운 일입니다.

가늘고 길게, 적당히 세상과 타협하는 자들이 오래 살아남습니다. 강자생존이 아니고 적자생존입니다. 자연은 강한 자보다 잘 적응하는 사람의 손을 들어줬습니다. 두려움 없이 멋있게 사는 것도 좋지만 용기 있게 살지 못한다고 못난 삶은 아니라는 것입니다. 두려움을 지닌 채 그럭저럭 버티며, 또 다른 두려움이 닥치면 그때그때 대처하며 살아가는 것이 우리 삶의 본질입니다.

불안은 드러내도 괜찮은 것

불안한 상황을 극복하려고 타인을 짓밟아야 할까요? 21세기 사회에서는 남을 이기는 과정도 법이나 제도의 테두리 안에서 이루어지죠. 그런데 네안데르탈인이었으면 뭐라고 했을지 잘 모르겠네요. 다른 시대, 다른 상황에서는 그것이 생존의 비결이기도 했습니다. 네안데르탈인이 나빠서 이웃이고 뭐고 없이 약탈하고 제가 더 착해서 이웃들과 엘리베이터에서 인사하는 것이 아닙니다. 지금은 어느 정도 협조해야 덜 불안한 시대입니다. 더 잘 살려는 경쟁이야 계속되겠지만, 목숨을 부지하려고 남을 짓밟고 적극적으로 빼앗아야 하는 상황까지는 오지 않을 것입니다. 적당한 불안으로 적당히 눈치 보며 사는 요즘 세상에 태어난 것, 불안한 사람들에게는 꽤 괜찮습니다.

손소독제를 늘 들고 다니며 팔꿈치로 엘리베이터 버튼을 누르던 사람들이 있습니다. 사람들 많은 곳에서 재채기나 기침으로 병균이 옮는다며 마스크를 쓰던 사람들이 있습니다. 원래는 유난을 떤다며 주변 사람들에게 구박을 받았으나 2020년 코로나19가 유행하고 모든 사람들이 조심하는 시대가 오니 그 행동이 일반적인 것이 되었습니다. 그분들은 사회적 거리두기가 너무 마음 편합니다. 진작 이런 세상이 왔어야 한다고 합니다.

상황에 따라 유연성 있게 대처하는 것이 가장 이상적이긴 합니다만, 그는 더 이상 불안함으로 인한 '유난' 때문에 구박받지 않아 편합니다. 비정상적 불안이 지금은 정상이 되었습니다. 지금은 불안장애의 증상이지만 각자의 불안은 다르기에 인류 진화의 긴 관점에서 보면 조금 앞서간 것일 수도 있습니다. 나와 남들이 몹시 불편한데 미래에는 정상이 될 수 있다고 치료받지 말자는 이야기는 아닙니다. 불안이 나쁜 짓도 아닌데 너무 부끄러워할 필요는 없습니다. 불안하니까 지금 잘 살고 있는 것입니다.

불안은 눈에 보이지 않을까요? 아닙니다. 눈에 보이기도 합니다. 떨리는 손, 당황한 표정, 빨개진 얼굴, 식은땀 등으로 불안을 볼 수 있습니다. 하지만 이렇게 일부러 하려고 애쓴다면 쉽지 않습니다. 이런 불안을 일부러 보여주려고 해보세요. 늘 느끼는 불안이지만 억지로 감정을 만들어내려는 시도를 해보면 느끼실 겁니다. 불안하다는 말을 통하지 않고 불안을 보여주기는 생각보다 어렵습니다. 애를 쓰면 오히려 겉으로 드러내기 어렵습니다. 남들 앞에서 어렵다면 거울을 보고라도 직접 해보면 중요한 것을 느낄 수 있습니다. 내가 불안하면 마치 다른 사람들이 불안한 내 마음을 눈치챌 것 같지만 그렇지 않습니다. 다만 숨기려고 할 때 더 드러나고, 티를 내려고 할 때 오히려 티가 나지 않습니다.

반대로 생각해보면 나도 남의 불안을 알아채기 어렵습니다. 겉보기에는 평화로워 보이는 많은 사람들이 불안합니다. 서로 눈치를 보지만 티가 나지 않습니다. 괜한 것에 무서움을 느낍니다. 쓸데없는 걱정에 빠지기도 합니다. 남의 감정을 생각보다 잘 눈치채지 못할 뿐입니다. 다들 불안을 안고 살아갑니다. 걱정 가득 안고 시험을 치지만 좋은 성적을 얻기도 하고, 불안한 채로 피아노를 연주해 상을 받기도 하고, 긴장 상태에서 발표를 하는데 남들에게는 자신감 있어 보입니다. 편한 마음으로 좋은 결과를 얻는 것이 아닙니다. 그러므로 불안을 숨기려고 할 필요가 없습니다.

불안의 시간 차

힘든 상황에서는 불안한 줄 모르다가 상황이 종료된 후에 불안을 느끼는 이유는 무엇일까요? 누가 봐도 두려운 상황이나 죽음의 공포가 지나간 다음에야, 한참 더 있다가 불안을 느끼는 그 시간 차를 어떻게 설명할 수 있을까요?

G씨는 집에 있을 때만 심해지는 불안, 식은땀, 두근거림, 어지러움으로 병원에 방문했습니다. 원인을 반드시 알아야 치료가 되는 것은 아니지만 혹시 다른 이유는 없는지 물어봤습니다. 증상이 호전되어 약물치료를 마칠 때쯤 G씨는 세 살 위의 형에게 어릴 적부터 계속 맞았다고 했습니다. 시작이 언제인지 기억나지 않습니다. 부모님은 형제끼리 싸울 수도 있지 라는

마인드였습니다. G씨는 멍을 달고 살았고 팔이 부러지기도 했습니다. 눈빛이 건방지다, 방을 제대로 치우지 않았다 등등 폭력의 이유는 다양했습니다. G씨는 대학에 진학하며 독립해서야 형의 폭력에서 벗어날 수 있었습니다. G씨의 형은 결혼해서 분가했고 한집에 산들 더이상 예전처럼 때리지 않는다는 것을 압니다. 그래도 집에 있으면 늘 불안합니다. 부모님은 문을 걸어 잠그고 방 안에만 있는 G씨를 이해하지 못합니다.

G씨는 처음부터 이런 이야기를 털어놓지는 않았습니다. 취직에 대한 불안 정도로만 생각했고, 그래서 갑자기 가슴이 두근거리거나 잠들기 어렵다고 여겼을 뿐이라서 처음 진료실에서는 증상 이야기 정도만 했습니다. 일부러 원인을 이야기하지 않은 것은 아닙니다. 오래된 원인과 현재의 불안을 연결 짓는 것은 누구에게나 어렵습니다.

정신건강 문제의 원인을 찾는 것은 원인 제공한 사람을 찾아서 벌하거나 복수하자는 의미가 아닙니다. 해결해야만 낫는다는 의미도 아닙니다. 실제로 과거형의 폭력과 현재 취직에 대한 두려움 중 무엇이 얼마만큼 현재 증상에 책임이 있는지 7 대 3, 이런 식으로 딱 떨어지게 나누기도 어렵습니다. 하지만 그런 상황을 되짚어보는 것은 스스로를 이해하는 데 도움이 됩니다. 내가 먼저 자신을 이해해야 남들도 나를 이해할 수 있습니다.

불안이 자기 모습을 드러내는 때

불안의 원인이 되는 상황과 증상이 나타나는 시간에는 차이가 있어서 때로는 이해하기가 어렵습니다. 어제 힘들었던 일로 오늘 불안하다면 아마 스스로 납득하기도 쉽고 남을 이해시키기 쉬울 텐데 사람 마음은 그렇지 않습니다. 어머님들이 "팔자가 편해서 병이 났다."라는 말씀을 많이 하시는데요. 예전보다 편해진 상황에서 오히려 힘들어진 내 자신을 용납 못하기도 합니다. 내가 나약한 사람처럼 느껴질 수도 있습니다. 그러나 원래 그렇습니다.

전쟁터에서 싸울 때보다도, 집으로 돌아가는 길에 공황발작이 오기 쉽습니다. 매일 싸우고 고통받을 때보다도 힘든 날이 지나고 편안해졌을 때가 위험합니다. 원래 불안이라는 것이 정신없이 싸울 때보다도 그 상황이 지나갔을 때 심해집니다. 과거가 또 반복될 것 같기 때문입니다.

충격적인 사건이 있은 뒤, 얼마 지나서까지 불안을 느껴야 정상이냐는 질문을 듣습니다. 좀 더 쉽게 말하자면, "제가 초등학교 때 동네 강가에서 어떤 사람이 물에 빠져 죽는 것을 봤는데, 50대인 지금까지도 물이 무서워요. 이게 정상일까요?"라고 한다면 어떤 대답을 할 수 있을까요. 몸에 각인된 기억은 오래가며, 어렸을 적에 겪은 일일수록 더욱 오랫동안 기억에 남습니다. 언제쯤 잊어야 정상일까요? 그런 것은 없습니다. 불안은 오히려 최악의 상황에서 벗어났을 때 증상으로 자기 모습을 드러냅니다. 불안의 성질이 원래 그런 겁니다. 나중에 불안을 느낀다고 이상한 것은 아닙니다.

당신이 걱정하는 것은 **그대로 이루어진다**

걱정 많은 사람들의 예측이 그대로 맞아떨어지는 경우가 많습니다. 사람이 미래를 예측하는 능력이 있어서가 아니라 불안이 자기실현적 예언의 특성을 갖고 있기 때문입니다. 자기실현적 예언이란 현재의 예언이나 예측이, 그 예측 자체로 인해 미래의 결과에 영향을 끼치는 경우를 말합니다. "너는 앞으로 큰일을 할 사람이야."라고 들은 아이가 성공하는 긍정적인 측면도 있고, "넌 나한테 질려서 떠나가고 말 거야."라는 말을 허구한 날 한다면 연인이 정말로 질려서 떠나갈 수 있는 거죠. 예언이 이루어진 것일까요? 사실 예측의 형태를 띠고 있지만 근거를 바탕으로 한 과학적 예측은 아니죠.

'사람들은 내 부탁을 잘 들어주지 않아'라는 생각을 하는 사람이 있습니다. 다들 나를 우습게 보니까 내 부탁을 잘 들어주지 않을 것이라 예상합니다. 그래서 다른 사람에게 부탁할 일이 있을 때 늘 긴장합니다. 어차피 상대방이 내 부탁을 들어주지 않을 것이라며, 거절당할 상황을 이미 예측하고 있습니다. 사람들이 나를 만만하게 본다거나 필요할 때만 찾는다는 오래된 믿음도 있습니다. 예를 들면 아래와 같이 부탁하는 상황을 떠올려봅시다.

"다음에는 이런 거 쓰레기통에 버리지 말고 분리수거 잘해줘."

"아까 숙제부터 하기로 했으니 게임 그만하자."

"내가 이야기할 때는 스마트폰 보고 다른 사람 카톡에 답하지 않았으면 좋겠어."

"맨날 나만 밥 사는데 이번에는 네가 좀 사지 그래."

가족, 친구, 연인에게 할 수 있는 간단한 부탁입니다. 천만 원을 빌려 달라는 것도 아니고, 거짓말을 눈감아 달라는 것도 아닙니다. 쉬운 부탁일까요? 그래도 부탁하는 입장에서는 이미 쌓인 감정을 잘 다스리며 말하기가 어려울 수도 있습니다.

오래전부터 '사람들이 내 부탁을 잘 들어주지 않는다'는 부정적 믿음이 있는 사람은 부탁하는 순간 그 부정적 믿음이 툭

올라오며 더 긴장하게 됩니다. 그런 상황에서 목소리가 어떨까요? 한 톤 높아지고 떨리기도 할 겁니다. 차라리 상대방도 '어? 이 사람 부탁하느라 긴장했네'라고 이해를 하는 상황이라면 그나마 낫습니다. 짜증을 내거나, 화가 났다고 오해할 수 있어서 문제입니다. 부정적인 예상을 하고, 긴장을 많이 한 상태에서 건네는 말이 짜증 섞인 목소리로 들릴 수도 있습니다. 나는 분명 불안이라는 감정을 느끼는데 옆에서 관찰할 때 짜증이나 화로 해석하는 경우가 흔합니다.

상대방은 긴장한 사람이 부탁하는 내용을 제대로 듣기보다는 "왜 화를 내면서 말해?"라고 받아칠 수 있습니다. 그렇게 되면 원래 거절당하는 상황을 두려워하던 사람은 역시 본인 예측하는 대로 됐구나 합니다. 역시 내 부탁은 아무도 들어주지 않는구나 우울해집니다.

불안이 자기실현적 예언과 만났을 때

'자기실현적 예언'으로 인해 예측이 맞아떨어진 것입니다. 불안이 많다 보니 내가 예측한 바로 그 결과가 생긴 것이지요. 고 김영삼 전 대통령이 중학생 때부터 본인은 대통령이 될 것이라고 써 붙여놓았다는 일화는 유명하죠. 그것을 무슨 예언 능력처럼 받아들이는 사람도 있으나 그렇게 보기는 어렵습니다. 예측이 아니라 자기의 꿈을 위해서 지속적으로 노력한 결과가 아닐까 싶습니다. 자기실현적 예언이 이렇게 좋은 쪽으로만 작용하면 좋겠지만 쉽지 않습니다. 과도한 불안 탓에 극단적인 결과를 자꾸 예측하고 그 예측에 집착해 일이 안 되는 경우가 많습니다. 그러고는 나의 불길한 예감이 맞았다고 단정 지으면 그다음 번에는 더 불안해집니다.

자녀의 성적이 떨어질까 봐 불안해서 자녀 얼굴을 볼 때마다 계속 공부하라고 말한다면 어떨까요? 힘든 일이 없는지, 친구하고는 잘 지내는지 전혀 궁금해하지 않고 볼 때마다 공부하라는 말을 한다면 자녀가 엄마를 어떻게 생각할까요? 부모와 자녀의 관계가 악화되고 자녀는 집에서도 편히 쉬지 못하게 됩니다. 스트레스를 받고, 부모와의 관계가 좋지 않은 아이는 청소년 우울증에 걸리기 더 쉽습니다. 우울증에 걸릴 경우 집중력이 현저히 떨어져 실제로 성적이 좋기 어렵습니다. 공부하라 닦달하던 엄마는 '역시나 내 생각대로 되고 말았어'라고 합니다. 물론 공부하라고 잔소리하는 모든 가정에서 이런 일이 일어나는 것이 아닙니다. 그러나 내 걱정으로 남을 닦달하거나, 긴장이 가득 찬 상태에서 대화를 하거나, 불안으로 인한 구체적 예측은 마치 자기실현적 예언처럼 정말 이루어지게 됩니다.

예측이 맞은 것입니까? 아니면 내가 그 예측이 이루어지게 행동한 것입니까?

불안하면 뇌가 제대로 작동하지 않는다

인터넷으로 논문 검색도 쉽고 환우 커뮤니티도 발달해서인지 환자분들 지식에 감탄할 때가 많습니다. 그러나 여전히 제가 매일 설명할 만큼 당연한데 정보가 거의 없는 부분도 있습니다. 바로 감정이 인지기능에 영향을 미친다는 점입니다. 너무 당연해서 논란의 여지도 없는 사실입니다. 감정이 불안정하면 당연히 인지기능에도 안 좋죠. 주의력, 기억력 다 영향을 받습니다. 그런데 이걸 설명하면 깜짝 놀라는 분들이 많습니다.

평소에 잘 알던 것도 긴장되는 상황이나, 추궁당하면 잘 기억나지 않습니다. 저 역시 시간에 쫓기면 냉장고에 책을 넣기도 하고, 핸드폰을 손에 쥐고도 "핸드폰 어디에 놨지?" 중얼

거리며 찾곤 합니다. 매달 내원하시는 천 명 남짓한 환자 분들의 사정을 대략 기억함에도 불안하면 아무 생각도 나지 않습니다. 불안감이 너무 심하면 평소의 뇌 기능을 다 발휘할 수 없습니다. 우울할 때도 마찬가지입니다. 치매가 걱정된다고 병원에 오신 어르신들 중에는 진짜 치매가 아니고 우울감 때문에 '가성치매' 증상인 경우가 훨씬 많습니다. 우울증으로도 충분히 기억력이 떨어지며 때로는 치매보다 그 속도가 더 빠릅니다. 다행히 이 경우에는 우울증을 잘 치료받으면 기억력이 예전으로 회복되는 경우가 많습니다.

불안하거나 걱정에 휩싸이면 뇌 안의 신경전달물질이 교란 상태가 됩니다. 공부나 필요한 일에 에너지를 쓸 수 없습니다. 뇌의 용량에는 한계가 있기 때문입니다. 한 가지에 몰두하면 컴퓨터는 버벅거리고 꼭 필요한 프로그램이 돌아가기 어렵습니다.

정신건강의학과에서 약물치료를 권하면 하루 종일 멍해서, 집중을 비롯해 아무것도 못하는 상태가 될까 봐 걱정하는 분들이 있습니다. 약물치료는 현재까지 나온 방법 중 가장 빠르고 효과적으로 불안장애를 해결하는 방법인데도 말입니다. 예를 들어 눈이 풀린다, 바보가 된다 이런 편견이 있는데요. 만약 약의 용량이 높아서 그런 부작용을 겪는다면, 당연히 조절해야 합니다. 그런 것을 참고 견디면서 치료해야 하는 것은 아닙니다. 항암치료처럼 당장 생사를 결정짓는 치료라면 몰라도, 정신건강에 대한 약물치료는 더 잘 살자고 하는 건데, 삶의 질을 떨어지는 것을 견뎌야 할까요? 적어도 그런 부작용을 개선하기 위해 다른 약물로 바꾸려는 시도를 해봐야 한다고 봅니다. 체질에 따라 달라서 성인 용량에서는 하루 종일 졸린데 가루를 낸 소아 용량만 복용시 불안이 잘 조절되는 경우도 있습니다. 비슷한 증상이어도 체질에 따라 약물 용량이 서로 10배까지도 차이나기 때문에, 그것을 잘 대응하는 것이 치료자의 역할입니다.

적절한 치료는 삶의 질을 높인다

감정은 집중력, 기억력, 판단력에 전부 영향을 줍니다. 우울하고 불안하면 어르신들은 치매로 오해받고(가성치매) 청소년들은 성적부터 떨어집니다. 부정적인 감정이 뇌의 다른 기능을 갉아먹기 때문입니다. 그래서 공부하는 학생일수록 오히려 빨리 약물치료를 받고 빨리 좋아져야 하는 겁니다. 청소년이든 공인중개사 수험생이든 모두 효율적으로 공부하고 더 좋은 결과를 받기 위해서입니다. 시험을 준비하느라 불안한데, "시험을 잘 보지 않아도 당신은 충분히 소중합니다."라고 하는 게 치료자의 올바른 자세일 수도 있겠지만, 저는 의사가 환자의 가치관까지 간섭할 자격은 없다고 봅니다. 본인이 합격을 간절히 원한다면, 그 길을 갈 수 있도록 도와줘야 합니다. 그런데 공부하는 사람에게 빠른 효과를 봐야 한다고 졸음과 같은 부작용이 있는 향정신성 항불안제만 많이 처방할 수는 없습니다. 항우울제는 '우울증'에만 쓰는 건 아닙니다. 불안장애는 세로토닌이나 노르에피네프린과 관련이 깊기에 관련 물질의 대사를 원활하게 하는 항우울제로 치료하는 게 좋습니다. 의존성은 거의 없어 중독되지 않는 대신 항불안제보다 효과가 나타나는 데 시간이 더 걸립니다.

불안을 없애는 것이 아니고 적당한 수준을 유지하는 것이 치료입니다. 긴장이 너무 없어도 집중이 어렵고 긴장이 과도한 상태에서도 잘하기 어렵습니다. 적절한 긴장 상태에서 최고의 결과를 얻을 수 있습니다. 공부를 하거나, 사고 싶은 것을 참고 저축하거나, 사람들 앞에서 말 조심을 하는 긍정적인 행위도 모두 적절한 긴장이 있어야 가능합니다. 만약 뇌의 30퍼센트만 써도 충분히 살아갈 수 있다면 불안을 치료받지 않고 살아도 됩니다. 하지만 치료를 통해 원하는 꿈에 더 가까이 다가

가고 스스로 만족할 만한 삶을 살 수 있지는 않을까요? 인생을 좀 더 효율적으로 즐겁게 살아갈 수 있기 위해서 말입니다.

약물이든 상담이든 뭐든 치료를 해서 자기 목표를 이루는 게 좋겠다는 제 생각이 옳은 것은 아닙니다. 각자에게 맞는 길이 있습니다. 정신적으로 늘 평화로운 삶, 초월적이거나 영성적인 목표 역시 훌륭합니다. 불안한 채로 사는 것보다는 불안을 초월하고 평화로운 삶으로 이끌어줄 수 있는 분을 만나는 것도 좋습니다. 가치관이 비슷한 사람들과 함께하면 됩니다. 꾸준히 자기를 단련해서 마음을 비우고 고요함에 도달하는 삶도 해볼 만하다고 봅니다. 그러나 어느 쪽의 방향이든 지속적이고 더 느린 변화가 때로는 더 빠를 수 있습니다. 같은 약물치료라도 불안해서 잠을 못 자는데 수면제만 복용하는 것보다는, 몇 주 기다리더라도 불안과 관련된 신경전달물질의 균형을 맞추는 쪽이 낫지 않을까 싶습니다.

불안을 털어놓아도 줄어들지 않는 까닭

불안하면 주변 사람들과 이야기를 나누며 푸는 사람들이 많습니다. 실제로 대화를 통한 환기ventilation는 불안이나 화를 해결하는 효과적인 방법입니다. 수다 떨면서 힐링하는 사람들이 많죠. 저도 걱정으로 머리가 꽉 차거나 불안의 이유를 모를 때면 온라인으로라도 사람들과 이야기를 나눕니다. 가족이나 오래된 친구들, 정신과 의사 동료들에게 털어놓으며 힘든 것을 잊을 때가 많습니다.

그러나 이야기를 해도 별로 풀리지 않고 걱정이 더 많아지는 경우도 있습니다. 왜 그럴까요?

첫째, 말하는 사람과 듣는 사람의 기대가 다르기 때문입니다. 남자는 해결지향형 대화를 하고 여자는 관계지향형 대화를 한다고 합니다. 그러나 남성과 여성 사이에만이 아니고, 대화의 목적이 다른 사람들 사이에서도 충분히 일어날 수 있습니다. 관계지향형 대화를 하는 사람들은 문제에 대한 해결책을 얻으려고 대화를 한다기보다 상대방의 공감 반응을 통해 위로를 받습니다. 대화를 하며 내가 이렇게 힘들다는 것을, 감정이 합당하다는 것을 확인받는 과정을 통해 정서를 조절할 수 있습니다. 이런 과정을 함께 한 상대방과의 관계가 돈독해집니다. 반면 해결지향형 대화를 하는 사람들은 관계지향형 대화를 들으면서 오히려 초조해집니다. 긴 이야기를 들으면서 '도대체 무슨 해결책을 말해줘야 할까?' 그래서 급하게 결론을 내리면 공감을 원했던 상대방이 서운해집니다. 대화의 목적이 공감이냐 해결이냐 그 차이 때문입니다. 충분히 공감받지 못한 관계지향형 인간은 서운해지고 대화 전보다 더 불안해집니다.

둘째 이유는 '대화 나르시시즘'입니다. 셀레스트 헤들리의 《말센스》에 나오는 용어인데요. 사람들은 종종 남의 고민을 듣는 척하며 대화를 자기중심으로 옮겨갑니다. 즉 남의 이야기를 들으며, 그 사람의 감정에 공감하는 것이 아니라 자기 이야기를 하게 되는 경우입니다. "물론 너도 힘들겠지만, 나 때는 말이야."처럼요. 잘 듣는 것은 말을 잘하는 것보다 어려운 일입니다. 감정에는 전염성이 있어서 남의 이야기를 들으면 내 불안감도 커지기 때문이지요. 다른 사람의 이야기를 듣고 반대로 자기 걱정을 털어놓는 과정은 순식간에 일어납니다. 연애, 취업, 부부관계, 건강, 자녀 문제 등 같은 세대에서 공유하는 고민은 상대방의 문제를 들으면 본인이 힘든 부분이 떠오르는 거죠. 극도로 자기애적인 사람만 이러는 것이 아니고, 자기 이야기를 하는 것의 즐거움은 대단하기 때문에 누구나 자기중심적으로 대화를 할 가능성이 높습니다.

불안을 이야기할 때 주의할 점

위 두 가지 상황을 어떻게 하면 피할 수 있을까요? 문제를 함께 이야기할 대상을 잘 고르는 것도 중요합니다. 지금 더 깊은 걱정에 빠진 사람이나, 이 말을 했다가 괜히 더 걱정해서 피곤해질 수도 있는 사람에게 이야기하면 도움이 되지 않습니다. 예를 들어 자녀 문제에 대해서 부모님에게 말씀드리면 대체로 도움이 되지 않습니다. 부모님은 오히려 걱정이 많아져서 본인의 걱정을 해소하려는 질문을 던지기 때문입니다. 내 자녀일 뿐 아니라 부모님의 손주이기도 하니까 도움이 안 되는 것이 어찌 보면 당연합니다. 그리고 부모님 당신이 조부모로서 느끼는 불안을 해결하기 위해 "예전에 너도 힘들었다."와 같은 말이나, "엄마가 그런 걸로 너무 혼냈더니 잘못된 경우를 보았다."라며 주로 부모님의 감정을 뒷받침하는 대화로 넘어가면 대화 나르시시즘의 덫에 빠지게 됩니다. 전화를 끊고 더 불안해지는 결과만 남습니다.

나의 100가지 불안을 연인, 배우자, 베프 등 소중한 사람에게 있는 그대로 다 털어놓을 수 있어야 완벽한 관계일까요? 꼭 어떤 한 사람에게 모든 것을 이야기해야만 하는 것은 아닙니다. 남편에게 할 이야기와 고등학교 동창에게 할 이야기, 아이 친구 엄마와 나눌 이야기는 다릅니다. 불안을 해결하기 위한 대화인데 말해놓고 괜히 말했나, 라는 생각으로 더 불안해질 수 있습니다. 또한 현재 상대방의 감정이 안정적이어서 자기 사례보다는 내 이야기에 집중해줄 수 있는 사람이 좋습니다.

어떤 문제냐에 따라 다르겠지만, 문제를 상의할 사람이 마땅치 않을 때 저 역시 익명의 카페에 고민을 올려본 적도 있습니다. 관계지향형 대화를 원한다면 익명의 사람에게 털어놓는 것이 허무하게 느껴질 수 있으나, 해결을 원한다면 익명의 조언이 도움되는 경우도 있기 때문입니다. 친구끼리는 쓴소리도 조심하고, 모르는 사람들이 더 객관적인 조언을 해주므로 도움을 받기도 합니다. 이마저 여의치 않다면 심리상담소를 찾는 것도 좋습니다. 속이 풀릴 만큼 오래 이야기하기에 정신건강의 학과는 적절하지 않을 수도 있습니다. 성격을 바꾸거나 병을 치료하는 정도가 아니라 대화를 통해서 내 문제를 깨달을 수 있는 사람이라면 꼭 전문가와의 상담이 아니라 종교단체나 자조 모임 회원들과도 환기 효과를 누릴 수 있습니다. 자조 모임 이란 비슷한 문제를 지닌 사람들끼리의 모임인데, 도박중독이나 알코올중독 가족 모임, 자살 유가족 모임이나 성인 ADHD를 진단받은 사람들의 모임 등이 있습니다.

대화의 부작용과 이를 극복하기 위한 방법을 말씀드렸습니다. 우리가 불안하면 "얘기해봐."라고 하거나 "대화가 필요하다."라고 하는데 생각보다 그렇지 않은 경우도 많습니다. 아무 말도 하지 않는 것이 가장 나을 때도 있습니다. 불안한 상태에서 뱉은 말은 후회를 낳기도 합니다. 힘들게 털어놓았는데 위로를 받지 못하는 경우는 꽤 많습니다. 막상 내 푸념을 털어놓고도 다른 사람을 힘들게 하지 않았나 염려될 수도 있고요. 특히 부부끼리 대화를 해보려다 관계가 더 악화되는 경우도 많습니다. 차라리 대화하지 않으며 함께 시간을 보내는 것이 관계에 더 도움이 됩니다. 대화는 좋은 해결책이지만 그렇다고 언제나 가장 좋은 것은 아닙니다.

불확실성에 대한 불안, 그리고 완벽주의

미래는 불확실합니다. 누구에게나 공평합니다. 줄리어스 시저는 로마 제국을 지배한 영웅입니다. 많은 역경을 극복한 시대의 지략가인 사람이 친자식처럼 아끼던 브루투스가 칼로 찌를 것이라는 것을 알고도 그 자리에 섰을까요? 아닙니다. 세월호가 그렇게 될 것을 알고 배에 탄 사람도, 수학여행을 보낸 부모도 없습니다. 그날 함께한 모습이 마지막인 줄 알았더라면 그렇게 헤어지지는 않았을 텐데….

미래를 알 수 없다는 당연한 사실을 우리는 자주 잊습니다. 특히 어떤 선택의 결과가 마음에 들지 않을 때, 선택하는 그 순간에는 앞날을 알 수 없었다는 것을 잊습니다. 미래를 모른다는 사실을 늘 기억한다면 "그러게 너 도대체 왜 그랬니?"와 같은 비난이 쉽게 오가지 않을 것입니다. 저 사람이 특별히 어리석지 않고 나도 같은 상황에서는 그럴 수 있다는 점을 진심으로 공감하게 됩니다.

비행기 사고가 걱정되어 두근거리는 가슴을 부여잡고, 식은 땀을 흘리며 여행을 떠나는 사람이 있습니다. 정말 비행기 사고가 일어날 것 같다면 타지 말아야 합니다. 추락할까 걱정이라면서 결국 비행기를 타는 사람이라면, 두려움과 별개로 실제로 추락하지 않을 것이라고 아는 것입니다. 로또 당첨처럼 확률이 낮다는 것을 알지만 자꾸 걱정이 그쪽으로 흘러가니 괴롭습니다. 다행히 이성적 뇌가 이기는 순간이 더 많기에, 우리는 수술을 받거나, 계단 대신 엘리베이터로 빌딩 15층에 올라갈 수 있습니다. 불확실성에 대한 인내력 부족intolerance of uncertainty은 단순한 불안을 불안장애로 만드는 주요 원인이지만, 사실은 심하게 불확실한 경우에 대한 게 아닙니다. 엘리베이터나 비행기가 추락하지 않을 것이라는 99퍼센트 이상의 확신이 있죠.

사람에 따라 99퍼센트의 확신이 있어도, 남은 1퍼센트의 불확실성에 대한 불안을 못 견딜 수 있습니다. 완벽주의 성향 때문입니다. 계획을 세우고 실천하려고 노력하는 것은 좋은 일입니다. 계획을 촘촘히 세우고 예상을 벗어나는 상황도 대비한다면 일을 더 잘해내는 경우가 많습니다. 하지만 완벽주의적 성향이 자기만족보다도 타인의 눈과 타인의 만족을 의식한 완벽함일 때가 문제입니다. 만족에 대한 기준이 더 높아지면서 피로해집니다. 불쾌감을 주지 않고 지저분해 보이지 않는 정도의 깔끔함을 추구한다면 많이 힘들지도 않고 긍정적인 에너지가 될 수 있습니다. 이 닦기나 머리 빗기가 귀찮아도 해야 하는 일이니까요. 반면 '깔끔하게 보이고 싶다'가 빈틈없이 꾸며서 남보다 돋보여야 하고 기죽지 않기 위한 경쟁 수단이 되면 피곤해집니다. 머리를 감는 것과 모임 때마다 미용실에 가서 드라이를 하는 것은 다릅니다. 손톱을 잘 깎는 것과 매번 네일아트를 하는 수고에도 차이가 있습니다. 특히 '하고 싶다'인 선택의 문제가 '해야 한다'는 의무가 되면 더 힘들어지지요. 그 피곤함을 얼마나 감당하느냐는 개인의 선택입니다. 기준이 높은 계획일수록 실현되지 않을 가능성이 높으니까 문제입니다. 계획대로 하기 위해 많은 에너지가 들고, 빈틈이 생기고 다른 사람까지 괴롭히게 됩니다. 사흘간 안 감은 머리로 좋아하는 이성을 만날까 봐 불안한 사람과 옆집 사람에게도 화장하지 않은 모습을 보이기 싫은 사람을 비교하자면, 계획대로 되지 않는 경우에 대한 불안의 정도가 다릅니다.

완벽주의는 타고나기도 하지만 사회에서 강요받아 더 심해지기도 합니다. 예를 들어 신입사원 시절 팀장에게 자꾸 혼나고, 지엽적인 부분까지 지적을 받아 완벽주의적 성향이 더 심해지는 경우를 봅니다. 주로 엑셀 표의 형식이나 조그만 오타 등에 대해 심하게 지적받는 경우 강박적으로 체크하고 실수할까 봐 불안해합니다. 내용의 완벽함보다는 중요하지 않은 부분에서 완벽함을 추구합니다. 점점 자기만족보다 타인의 만족이 기준이 됩니다. 업무 외 생활에서도 이런 방식을 적용합니다. 여행, 데이트, 친구와의 만남, 하루 일과 등 업무처럼 진행하지 않아도 되는 일까지 철저하게 계획을 세웁니다. 흔적인 동시에 보상입니다. 그 팀장과 관계없는 부분까지도 완벽주의의 흔적이 남아 남에게 잘 보이려 애씁니다. 남의 계획에 따라 움직여야만 하는 업무에 대한 보상으로 연인이나 자녀 등 사소한 환경을 통제합니다. 뜻대로 되지 않으면 화가 납니다.

불안장애의 성격적 특성

불안장애와 관련 있는 성격적 특성으로 완벽주의, 비관주의, 불확실성에 대한 인내력 부족이 있습니다. 세 가지 특성은 사실 일맥상통합니다. 부정적인 상황을 상상하고 대비하지 않는다면 완벽해질 수 없다고 생각해서, 부정적인 결과를 미리 두려워하고, 최악의 결과를 막기 위해서 끊임없이 피곤해져야 합니다.

완벽주의적 성향을 바꾸기는 쉽지 않습니다. 오랜 경험으로 인해 습득했고 그럴 만한 이유가 있기 때문입니다. 본인에게 엄격한 완벽주의자들은 대체로 성공합니다. 완벽해야 한다는 생각 자체를 바꾸는 것은 어렵지만 '완벽'의 기준이 자기 자신이 되거나, 단순히 타인의 시선을 넘어 이 세상에 조금이라도 도움이 되는 삶을 살고 싶다는 목표처럼 좀 더 높은 가치를 향한다면 행복할 수 있습니다. 반면 완벽주의적 성향을 남에게도 강요해서 주변 사람을 힘들게 만드는 사람도 있습니다. 아이들이 놀면서 장난감을 늘어놓는다고 소리 지르고 화내는 엄마, 아랫사람을 끊임없이 들볶는 직장 상사, 연애나 사교모임에서도 자기가 중심이 되지 않으면 화가 나는 사람 등이 대표적입니다. 남과 자신을 괴롭힐 정도의 완벽주의는 결국 불확실성에 대한 불안 때문에 나옵니다. 모두에게 공평한 불확실성을 겸허하게 받아들인다면 서로 좀 편해질 텐데 말입니다.

아무리 대비해도 미래는 예상과 다를 수 있습니다. 완벽한 대비보다 상황에 맞게 대처하는 능력이 훨씬 중요합니다. 주식 투자에서도 중요한 것은 예측이 아니라 대응입니다. 예측에 많은 에너지를 쏟느라 막상 대응의 시기를 놓치기도 합니다. 불확실성에 대한 불안이 더 강해지는 까닭은 무엇일까요? 어려움을 잘 대처할 수 있는 인간이라는 믿음이 없기 때문입니다. 그래서 어려움을 무조건 피해야 한다고 생각합니다. 하지만 완벽주의자들은 살면서 많은 것을 잘해온 분들입니다. 사실은 대응도 잘할 수 있습니다. 살면서 잘 대처해온 일에 대해 일부러 계속 떠올려봐야 합니다. 단점을 다 메꾸는 것이 아니라 내가 가진 것, 이룬 것, 감사할 일, 좋은 것을 떠올려야 하는 것도 그것 때문입니다.

아직 일어나지 않은 일은 어차피 해결할 수 없습니다.

아무것도 하지 않는 완벽한 삶 vs.
실패하고 불안하지만 나아지는 삶

마음이 평화로운 상태가 반드시 괜찮은 삶은 아닙니다. 그 공식대로라면 우리는 아무것도 할 수 없습니다. 변화하려는 시도는 평화를 깨뜨리기 때문입니다. 직접 시도하지 않아도 때로는 환경의 변화로 인해 변화가 찾아옵니다. 변하지 않을 것 같은 것이야말로 언제나 변합니다. 심지어 '나'라는 존재도 늘 같은 존재는 아니지 않습니까. 주변 환경과 영향을 주고받으며 변화합니다.

세상이 빠르게 변하기 때문에 어쩌면 모두 불안합니다. 변화에 적응하는 과정에서 교감신경에 불이 켜지니까요. 그러다 보면 불안해지기 쉽습니다. 앞으로 더 빨리 변화할 텐데, 세상에 맞게 계속 변화하려는 태도를 가져야 그나마 덜 불안할 것입니다. 4차산업혁명 이후의 시대에는 평생직업이 의미 없어지고 긴 수명을 유지하는 동안 여러 번 허물을 벗으며 적응해야 합니다. 아무것도 하지 않는 평화로운 삶을 사느냐, 끊임없이 시도하는 삶을 사느냐. 물론 두 가지 중에 정답은 없지만 적어도 변하는 세상을 보며 넋 놓고 있을 수는 없습니다.

나이가 들수록 이런 태도는 오히려 더 분명해집니다. 예순 살이 되었다고 이제 와서 스마트폰 사용을 배우지 않는다는 분도 있고, 일흔 살에 무슨 한글을 새로 배우냐는 분도 보았습니다. 하지만 여든 살에도 워드 자격증을 따거나, 영어회화를 배우는 분도 있습니다. 스마트폰에 적응하려는 시도조차 하지 않는 분들은 앞으로 더 새로운 기계가 나오면 더 두려워지고 생활이 위축될 수 있습니다. 불안에도 양극화가 진행됩니다. 불안해서 아무것도 시작하지 않는 사람은 더 불안해지고, 진취적으로 무엇인가를 하는 사람은 걱정거리가 생겨도 벗어나기가 좀 더 쉬워집니다.

경력단절이 있는 사람이 새롭게 일을 시작하는 경우를 떠올려봅시다. 일을 쉬다가 몇 년 만에 다시 일하는 과정은 생각보다 어렵습니다. 완벽하게 내 마음에 맞는 직장을 찾는 것보다 마음을 어느 정도 내려놓고 시작하는 분들이 더 앞서 나가는 것을 봅니다. 예전의 경력에 집착하지 않고 학습지 교사를 시작한 분, 출산 전 외국계 회사를 다녔으나 인터넷 쇼핑몰로 성공한 분을 보면서 사실 뭉클한 감동을 느꼈습니다. 얼마나 어려운지 알기에 더 존경스럽습니다. 예전의 경력을 완벽하게 인정받으려 하거나, 연봉이나 대우를 예전 눈높이에 맞추려 하지 않았습니다. 남의 시선보다 내 자신이 소중하니 그런 선택을 할 수 있기 때문입니다. '예전에 내가 어떤 사람이었는데' 하면서 따지다 보면 시간이 흐르고 행복은 더 멀어질 수 있습니다. 아이를 키우는 데 헌신하는 것도 훌륭하며, 일을 다시 시작하지 않아도 좋습니다. 그러나 만약 일을 다시 하고 싶다고 마음을 먹었다면 모든 채비가 완벽한 채로 시작하는 것이 아니라, 일단 일을 해야 마음이 든든해집니다. 앞서 말씀드렸듯이 자존감은 결과입니다. 하다 보면 자신감이 생기고, 경력이 쌓이고, 인정받고, 상황에 맞는 더 좋은 일을 찾을 수 있지 않을까요? 완벽하지 않은 시작에서 불안이 오겠지만, 그 불안과 불만족을 밟고 한 걸음씩 디뎌야 합니다. 불완전하더라도, 불안하더라도 차근차근 시도한다면 아무것도 하지 않는 머릿속의 삶보다 낫습니다. 머릿속에서 불안이 맴도는 삶보다는 훨씬 좋은 결과를 얻을 수 있을 것입니다. 불안은 없어지지 않지만, 다른 일에 집중하다 보면 불안이 설 자리가 좁아집니다. 머리가 경험을 이

길 수 없기 때문입니다. 평화롭고 욕심 없는 삶을 진심으로 희망한다면 그렇게 해도 좋습니다. 하지만 실은 불안을 느끼면서 머릿속에서만 고민하고 계획을 세우면서 아무것도 하지 않는다면 그 시간이 너무 아깝지 않습니까.

불안을 안은 채 살아가는 법

사람에 따라서는 큰 행복도 큰 불행도 없는 삶이 평화롭다고 여길 수도 있습니다. 도전을 피하는 선택을 한다고 불안에서 벗어나는 것은 아닙니다. 아주 특별한 도전을 이야기하는 것은 아닙니다. 내 집 마련을 예로 들어봅시다. 의식주의 보장은 생활 안정에 상당히 중요해서, 내 집 마련을 목표로 갖는 건 필요하다 생각합니다. 요즘 20대들은 그렇게 생각하지 않는 경우도 많은데, 멋진 역세권 신축 아파트를 살 수 없을 바에는 그냥 내 집 마련을 포기하겠다는 의견도 많습니다. 가치관은 다를 수 있지만, 이루지 못할 꿈을 꾸지 않겠다는 그 생각이 어디서부터 비롯되었는지 한번 생각해볼 필요는 있습니다. 제대로 못 이룰까 봐 불안하니 아예 시도하지 않겠다는 생각 말입니다. 부동산 투자에 대한 책을 서른 권 넘게 읽었는데, 그중에 처음부터 오래오래 살 번듯한 집을 매수하라고, 한 방을 노리라고 하는 책은 한 권도 없었습니다. 집은 집으로 사는 것이라고 한결같이 말합니다. 땅이라는 것이 한정되어 있고 인플레이션을 고려한다면 일단 좁고 허름한 집이라도 사서, 대출을 갚기 위해 아껴 쓰면서 눈덩이를 굴리는 것이 더 낫습니다. 꼭 내 집 마련이 아니어도 됩니다. 남의 눈을 의식하지 않고, 완벽만 추구하지 않고 내 생활의 안정이라는 목표를 일단 이룬다면 그 성공의 경험, 즉 성취를 통해 불안이 줄어드는 경험을 하는 것이 중요합니다.

나만 불안한 것이 아닙니다. 다들 불안하니까 저축도 하고 투자도 하고, 자기와 가정의 경제 상황을 개선하기 위해 애씁니다. 불안하지 않아서, 상황이 좋아서 시도하는 것이 아닙니다. 크게 한탕하려는 생각에는 신 포도를 멀리한 여우처럼 '나는 특별하다, 특별하지 않다면 받아들일 수 없다'는 나르시시즘이 자리하고 있는 것은 아닌지 되돌아봐야 합니다. 부질없는 시기심과 분노로는 불안을 해결할 수 없습니다. 경제 상황이든 인간관계든 모든 투자에는 돌려받지 못할 위험이 존재합니다. 돈 이야기가 아닙니다. 우리는 시간이든 애정이든 투자하지만 무엇인가 애쓰는 과정에는 두려움이 따릅니다. 하지만 아무런 불안을 감수하지 않는다면 아무런 일이 일어나지 않고, 아무것도 얻지 못합니다. 어떤 삶이 더 위험할까요? 여담이지만 가장 불안한 투자는 자녀를 키우는 일입니다. 투자한 만큼 그대로 돌려받을 확률이 극히 드문 고위험 투자입니다.

장고 끝에 악수 둔다는 말이 있습니다. 평온해 보이는 사람들도 불안을 무릅쓰고 일단 행동하는 것입니다. 완벽한 이상형을 만나려다가 결혼 적령기를 놓치는 경우도 있습니다. 일을 하는 것도, 내 집 마련을 하는 것도, 결혼하는 것도 각자의 가치관이기에 만약 원하지 않는다면 상관없습니다. 하지만 원한다면요? 원하는 것을 아예 이루지 못했을 때의 그 불안감은 또 없을까요?

불안해서 아무 결정을 내리지 못하는 것이 아니라 불안하니까 뭐라도 결정을 내려야 합니다. 다들 불안한 상태에서, 걱정스러운 마음으로 그렇게 앞으로 나아가고 있으니까요. 어느 정도의 불안을 안고 결정한다고 그 결정이 잘못되는 것이 아닙니다.

불안의 풍선효과,
불안이 끝나면 다른 불안이 심해지는 경우

"불안의 원인이 해결되지 않는데도 괜찮아질 수 있을까요?"

물론 그럴 수 있습니다. 원인을 해결하지 않은 상태에서도 잘 버텨서 나아지는 경우를 봅니다. 반대로 불안의 원인이 사라져도 해결되지 않는 경우도 많습니다. 원인이 해결되어도 감정은 그대로입니다. 그럴 때는 예전과는 다른 이유로 불안해집니다. 특정 지역의 부동산 투자를 규제하면 주변 다른 쪽이 오르는 것을 풍선효과라고 하는데요. 불안에도 풍선효과가 있습니다. 억지로 불안을 누르거나, 그 원인에 대해서 괜찮다고 믿는 경우에 다른 원인에 의해서 결국 불안이 심해질 수 있습니다. 대부분 "난 괜찮다, 불안하지 않다."라고 억지로 스스로에게 주입할 때 이런 풍선효과가 생기게 됩니다.

썸타는 여자와 잘되지 않을까 봐 걱정하는 대학생이 있었습니다. 그는 그 관계만 잘되면 다시는 불안하지 않을 것이며, 그 이후의 관계는 알아서 할 자신이 있다고 했습니다. 여자와 정식교제를 하게 되면서 그의 불안이 잠시 사라졌습니다. 이제는 정신과를 다니지 않아도 된다고 했습니다. 그런데 곧 취업이 걱정되기 시작했습니다. 취업이 잘되지 않으면 이 여자가 나를 떠날 것 같다고 했습니다. 오래전 있었던 건강염려증도 도졌습니다. 잘되고 있는 삶을 무언가 방해할까 봐 겁이 납니다. 해결하더라도 또 다른 원인이 새롭게 나타납니다.

불안은 잃고 싶지 않은, 더는 고통스럽고 싶지 않은 감정이기 때문입니다. 잃을 것이 없으면 불안하지 않습니다. 그래서 한 가지 원인이 해결되어도 또 다른 종류의 불안으로 괴롭습니다. 어떤 일만 해결되면 불안이 끝나리라는 그 바람은 버리는 것이 좋습니다. 오히려 불안에서 벗어나려는 바람을 내려놓을 때 어느새 해결됩니다. 불안이 사라지는 순간을 명확히 기억하는 것이 아니라 "어 그러고 보니 어느새 편해졌네? 그게 언제지?" 하면서 낫는 경우가 더 많습니다.

한 가지 일이 해결되고 다른 일로 불안해지는 것이 꼭 나쁠까요? 아닙니다. 한 가지에 계속 몰두하는 상황보다는 낫습니다. 풍선효과를 겪더라도, 일단 눌러보고 해결해보는 것은 도움이 됩니다. 불안을 줄이기 위해 계속 다른 걱정을 일부러 해보는 기법도 있는데요. 이게 마치 빚을 갚을 때 돌려막기 하는 것처럼 정말 심하고 급할 때 쓰는 방법이긴 하지만 그래도 한 가지 생각에 집착하는 상태를 내버려두는 것보다는 낫습니다. 일단 전환하는 과정은 필요합니다. 내가 불안을 극복했다는 기억은 남아 있습니다. 스스로 "내가 극복했다."라고 자신 있게 말할 수 없을지 몰라도 말입니다.

불안의 풍선효과를 통해 깨달아야 할 것은 두 가지입니다. 다른 종류의 걱정으로 옮겨가더라도 한 가지에 몰두하는 것보다는 낫습니다. 하지만 불안을 억지로 누르거나, 운 좋게 원인이 해결된다고 해서 끝나지는 않을 수도 있다는 것입니다.

중독과 불안,
불안의 일주일을 견뎌야 한다

불안을 피하기 위해서 무엇인가에 중독되는 경우가 많습니다. 흔히 중독 하면 알코올, 담배, 마약, 탄수화물 같은 물질에 중독되는 경우를 떠올리게 됩니다. 하지만 행위에도 중독될 수 있는데, 게임, 스마트폰, 도박, 쇼핑 등이 그것입니다. 원래 중독이 되면 보상회로가 과도하게 활성화되는데요. 술이나 담배처럼 어떤 물질을 섭취해야 뇌의 중독 관련 부위인 보상회로가 깨어나는 줄 알았습니다. 그런데 그게 도박 같은 행동으로도 보상회로가 똑같이 활성화될 수 있다는 것을 알게 되었죠. 우리가 도박을 한다고 뇌를 변화시킬 만한 화학물질을 접하는 것도 아니고, 심지어 실제 도박을 하지도 않았는데 생각하는 것만으로도 보상회로는 쾌감을 느끼기도 합니다.

진짜 중독이냐 아니냐에 있어서, 얼마나 좋아하는지가 기준이 되지는 않습니다. 즉 술을 좋아하거나 프로게이머라고 반드시 중독은 아니라는 점이죠. 다만 그것을 계획한 만큼 조절하지 못한다면 중독이 됩니다. 수능이 끝난 학생이 할 일이 없어서 그동안 못한 게임을 실컷 해야지 계획하고 10시간 하고 들어왔다고 중독은 아닙니다. 하지만 수능을 한 달 앞두고 있는데 30분만 해야지, 라고 했다가 2시간을 해버렸다면 오히려 더 문제가 될 수 있지 않습니까? 시간과 상황에 맞게 중독인지 아닌지를 봐야 합니다. 조절이 어렵다 보면 거짓말을 하게 됩니다. 앞에 수능 끝난 학생보다도 수험생이 거짓말을 할 확률이 높죠. 적게 한 척, 적게 마신 척, 돈을 덜 들인 척 거짓말을 하게 되면 관계가 파괴되고 중독증상이 더 심해집니다.

또 한 가지는 중독된 대상이 없을 때 어떠냐가 참 중요한데요. 어떤 이유든 술을 못 마시거나 스마트폰을 끊게 되었을 때 불안하고 초조한 금단현상이 나타난다면 이 역시 중독증상이라고 볼 수 있습니다. 대부분 중독된 대상이 없을 때의 불안을 이기지 못하기 때문에 다시 중독증상으로 가게 됩니다.

중독을 끊어내는 일이란

위에 말씀드린 대로 조절이 어렵고, 거짓말을 하게 되고, 없으면 못 견디는 중독증상이 맞다면 그건 갑자기 끊어내는 수밖에 없지 서서히 끊어내기란 어렵습니다. 조절을 할 수 있다는 생각을 버려야 합니다. 중독은 친구 관계가 아니고 연인 관계 같은 것입니다. 이 사람을 끊어내야 하는데 원래 서서히 끊어내기가 힘들지 않습니까? 그래서는 잊혀지지 않습니다. 물론 단숨에 끊어내기 어려운 종류의 중독도 있기는 해요. 탄수화물 중독, 스마트폰 중독이 바로 그것입니다. 왜냐하면 아예 탄수화물이나 스마트폰 없이 살기가 힘들기 때문입니다. 이런 경우라도, 조절은 나중에 할지언정 일단 아예 끊어내는 기간이 필요합니다.

끊어내는 과정이 쉬운 것은 아닌데요. 바로 불안 때문입니다. 금단현상에 동반되는 불안은 공황 수준으로 심하기 때문입니다. 알코올이나 마약의 경우 금단현상으로 경련, 때로는 섬망이 나타나기도 하니까 끊을 때 전문가의 도움을 꼭 받는 것이 좋습니다. 중독된 대상이 갑자기 사라져버리면 공허하고 불안이 밀려오는 것이 당연하기 때문에 중독된 물질, 행동, 사람을 끊어낼 때 극도의 불안이 올 수 있다는 것을 본인뿐만 아니라 주변 사람들도 이해해야 합니다. 다행히 일주일 정도만 지나도 훨씬 나아질 수 있습니다. 물론 중독 대상을 다시 만나고픈 갈망 정도는 느끼겠지만 심한 불안 증상이 처음처럼 똑같이 계속되지는 않습니다. 갈망을 억제하는 치료를 하기 전에 첫 일주일간 심해지는 불안을 해소하지 않으면 끊어내기에 실패하기 쉽습니다. 아무리 나쁜 것이라도 익숙한 것을 끊어내면 불안이 몰려옵니다. 매일 폭력을 당하던 사람도 그런 일이 더 이상 일어나지 않으면 마음이 편한 게 아니고 일단 불안합니다. 하물며 본인이 좋아했던 것을 억지로 끊어내는 사람은 어떻겠습니까.

갑자기 헤어질 때의 불안감을 생각하면서 만만하게 보지 않아야 합니다. 주변 사람들이 격려를 해줘도 모자란데 의지로 할 수 있는 쉬운 것이라고 생각합니다. 원래 우리가 걱정에 빠져 있을 때 주변에서 스트레스를 주면 더 예민해지지 않습니까? 중독에서 벗어나는 사람도 최소 일주일, 정도에 따라 몇 달 동안 특정한 이유 없는 불안에 휩싸여 있다는 점을 이해해야 합니다. 불안 때문에 다시 중독된 대상으로 되돌아가지 않기 위해서 말입니다.

3장

평온한 일상을
무너뜨리는 것들

본성을 숨기고 살면 더 불안해진다

다자이 오사무의 《인간실격》에 나오는 주인공 요조의 삶은 불안의 연속입니다. 요조는 불안을 해결하려다가 불안할 만한 상황을 또 만들기를 반복합니다. 불안하고 예민한 기질을 타고난데다가 어린 시절 트라우마를 겪지요. 그런 트라우마에 대해서 주변 사람들에게 털어놓고 해결하려는 대신 자기를 숨기고 유머러스한 성격으로 살려고 애씁니다. 광대처럼 살아갑니다. 그래야 인기를 얻을 수 있다고 깨달았으니까요. 직접 겪은 트라우마를 없었던 일로 여기고, 힘든 감정을 느껴도 스스로 억압하며 살아갑니다.

자기 본성을 숨기고 가식적으로 살아가면 늘 두렵고 불안합니다. 물론 원래 성격을 늘 드러낼 필요는 없지만 요조처럼 자기 본성을 숨기는 데 너무 많은 에너지를 쏟으면 더 불안할 수 있습니다. '나의 진짜 모습을 알면 아무에게도 사랑받지 못할 것'이라는 생각을 갖고 있습니다. 진짜 모습은 다른 사람들보다 특별히 더 나쁘고, 이해받기 힘들다고 여기니 진짜 모습을 보이기가 어렵습니다. 사실 그렇게 굉장히 나쁜 생각을 하지도 않는 분들이 꼭 그런 걱정을 합니다.

일부러 남들 앞에서 익살스러운 행동을 하는 요조에게 일부러 그러는 거 다 안다고 말하는 친구가 있습니다. 그 친구는 스스로를 수용하며 잘 살 수 있는 기회, 내지는 자기를 돌아볼 수 있는 기회를 상징합니다. 하지만 내면의 목소리를 무시하는 요조는 매력 있고 재능이 있어도 늘 편하지 않습니다. 불안을 해결하려고 거짓말을 하고 쫓기듯이 결정합니다. 일이든 인간관계든 좋은 결과를 낳을 리 없는 상황이 반복됩니다.

'나'를 거스를 때 따라오는 부작용

성격을 바꾸고 싶다는 분들이 꽤 있습니다. 하지만 성격은 타고난 것입니다. 바꾸려고 하면 더 불안해집니다. 내향적인 사람들은 내향적인 활동, 즉 소수의 사람과 어울리거나 혼자만의 시간을 가짐으로써 행복할 수 있습니다. 억지로 남 앞에 나서려는 노력을 하면 더 불행해집니다. 논리적인 사람이 직관적인 사람의 흉내를 내다가 오히려 실수할 수 있습니다. 즉 원래 꼼꼼하고 여러 가지 자료를 바탕으로 판단하던 사람이 '감이 뛰어난 사람'이 부럽다고 직관에 의지해 큰 결정을 하면 실패할 수 있습니다. 양은 풀을 먹어야 합니다. 남의 방식에 대해서 무관할 필요는 없지만 갑자기 자기 자신을 바꾸려고 하면 힘듭니다.

우리는 타고난 성격대로 살아도 불안합니다. 그런데 자기 본성을 거슬러 살고 자꾸 바꾸려 하면 더더욱 불안해지지 않을까요? 정도는 다르겠지만 사람들은 다들 자기가 사랑하는 것보다 더 사랑받고 싶어 합니다. 그래서 인기 많은 사람이 되고픈 욕망이 있습니다. 물론 저도 그렇게 되고 싶습니다. 하지만 그게 잘 안 됩니다. 억지로 활발한 사람이 된다고 다른 사람들에게 긍정적인 에너지를 줄 수 있는 것이 아닙니다. 친구가 모임에서 했던 말이 마음에 걸리는데, 쿨한 사람이 되고 싶어서 괜찮은 척 그 친구와의 관계를 유지해본 적이 있나요? 자기계발서의 처세술대로 가식적 관계를 유지하는 사람들이 많지는 않은가요? 그런 관계가 쌓이고 쌓이다 보면 결국에는 혼자가

되고 더욱 외로워질 것 같은 두려움이 커지지는 않는지 돌이켜

볼 필요가 있습니다.

오늘이 아니면 안 될 것 같은 불안, 속지 말 것

"매진 임박, 5분 남았습니다! 이번이 마지막 기회입니다."

홈쇼핑에서 자주 듣는 말입니다. 다시는 이런 소중한 기회가 없을 것처럼 이야기합니다. 바로 지금이 아니면 안 될 것 같은 마음이 들고 초조합니다. 이런 심리는 구매를 유도하기 위해서 중요합니다. 이것이 마지막이라고 강조해서 쫓기는 듯 불안한 감정을 유도해 충동구매로 유혹하는 것이죠. 부동산 기사와 댓글은 지금이 아니면 영영 내 집을 마련할 수 없을 것같이 말합니다. 분명 기회는 또 있을 텐데 앞으로 양극화가 더욱 심해진다, 마지막 사다리라고 하며 불안을 조장합니다.

인간은 희소성에 집착합니다. 《유혹의 기술》이라는 책에 나오듯 우리는 쉽게 얻은 물건에 대해서는 별로 애착을 느끼지 못합니다. 그 대상이 물건이 아니라 사람일 때도 마찬가지입니다. 쉽게 다가오는 사람에 대해서는 환상을 품기 어렵습니다. 벚꽃이 금세 피었다 지기 때문에 다들 벚꽃 구경이나 여행을 갑니다. 벚나무에 비하면 소나무가 훨씬 비싸고 공들여야 키우는 나무인데도 일부러 구경하러 가지 않습니다.

경제에서 가장 간단하지만 모든 것이기도 한 수요와 공급의 법칙을 떠올려보면 어떨까요? 수요가 그대로일지라도 공급이 줄어들면 가격이 올라가게 되어 있습니다. 문제는 실제로 공급이 줄어드는 것이 아니라 공급이 줄어드는 것 같은 착시효과에도 당한다는 것입니다. 특정 맛의 라면이나 과자처럼 구하기 어려우면 사람들이 더 찾아 헤매게 됩니다. 포장 디자인만 바꿔서 한정판이라고 내어놓아도 더 높은 가격에 팔립니다. 자기 배우자보다 못한 사람과 외도를 하는 까닭은 그 사람이 진짜로 멋지고 이제야 만난 영혼의 짝이어서가 아닙니다. 내 옆에 없고, 만나서는 안 되는 사람이기 때문입니다.

한 번에 다수의 사람들과 연애하는 폴리아모리가 아닌 이상 연애는 1 대 1의 관계를 바탕으로 합니다. 그래서 친구들 사이의 관계와 달리 한정된 사람, 한정된 시간 안에서 경쟁이 발생합니다. 누구나 선택하고 싶은 조건을 지닌 사람도 있지만, 그렇지 않은 사람들이 더 많습니다. 연애의 경쟁 속에서 살아남는 방법은 다양합니다. 운동을 하거나 교양을 쌓거나 상담을 받는 등 자기발전을 통해서 외적·내적으로 더 괜찮은 사람이 되는 방법이 더 건전합니다. 매일 만나던 연인이 데이트 횟수를 줄이며 합의 하에 서로에게 희소성을 갖는다거나, 가끔 질투심을 유발해 서로의 소중함을 깨닫는 것 정도를 나쁘다고 하는 것이 아닙니다. 하지만 갑자기 연락을 받지 않는다거나, 연인에게 가스라이팅을 해서 '너는 별로니까 너 같은 사람은 나 말고는 만날 수 없어'라는 메시지를 줘서 상대방을 다치게 하는 경우라면 어떨까요? 희소성에 끌려서 충동적으로 구매한 물건, 일관성이 없는 상대방에 끌려다니다가 마음과 시간을 허비한 연애, 그 뒤에는 후회와 죄책감이 남아서 더 괴로워집니다.

유부남이 젊고 똑똑한 여자를 잘 꼬실 수 있는 까닭은 무엇일까요? 유부남은 결혼하지 않은 여자보다 10배쯤 더 바쁩니다. 의도하지 않아도 희소성을 만들어낼 수 있다는 말입니다. 집으로 들어가기 전 현관에서 상대방의 메시지를 대충 확인하고, 아이를 돌보다가 아내가 잠들면 그제야 메시지에 답장하는 것이죠. 상대방처럼 전화기를 옆에 두고 넷플릭스를 보면서 답이 오나 안 오나 힐끔힐끔 쳐다보는 상태가 아닙니다. 상대는 이걸 다 알고 있어도 괜히 마음 졸이게 됩니다.

평소 불안이 많고 예민한 제가 인생에서 연애를 잘했던 유일한 시기는 종합병원 인턴 시절입니다. 그 전까지는 소개팅에서 애프터를 단 한 번도 못 받았는데, 인턴 때 만난 사람들은 저를 좋아했습니다. 세수도 못하고 머리도 못 감고 잠도 못 잘 만큼 바빴는데도 말이죠. 비결은 단 하나였습니다. 연락도 못할 정도로 바쁘니 상대방이 불안해서 먼저 저를 찾는 것이었죠. 코로나19 때문에 갑자기 가격이 뛴 마스크처럼요.

구하기 힘든 물건이나 만나기 어려운 사람이 정말 소중한 것인지 생각해봐야 그 관계에서 불안이 없어집니다. 특정 과자를 구하기 힘든 시절, 드디어 구해서 먹어봤는데 제가 원래 좋아하던 과자에 비해서 엄청 맛있는 것도 아니라는 생각이 들었습니다. 어느 순간에 정말 기뻤는지 생각해보니 과자를 맛볼 때가 아니라 과자를 손에 넣었을 때였습니다.

외도를 끊지 못하는 사람들에게 그 사람의 나쁜 점을 이야기해줘도 별 도움이 되지 않습니다. 오히려 결혼해도 좋은지, 배우자를 버리고 그 사람과 꼭 살아야 하는 이유에 대해서 적어보고 그 사람과 함께하는 일상을 구체적으로 상상해보라고 합니다. 우리가 소중하다고 믿는 것은 눈앞에서 사라질 것 같은 불안 때문에 괜히 더 소중해집니다. 정말 좋은 것과 단지 적기 때문에 좋은 것을 구별할 수 있어야 합니다. 희소성에 대해

똑바로 대면한다면 물건에 대한 욕심이나 인간관계에서의 헛된 욕심을 조금이나마 줄일 수 있습니다.

불안을 조장하는 사람들

희소성을 교묘하게 조장해서 불안을 유발하는 사람들을 조심해야 합니다. 연인한테 "너 없이 못 살아."라고 솔직히 말하는 사람은 차라리 정직합니다. 상대방의 마음을 뺏는 것을 목표로 하는 연애 고수들은 그렇게 말하지 않습니다. 그들은 "너는 니 없이 못 살아."라고 말합니다. 그 사람 아니면 안 될 것 같은 희소성을 줌으로써 상대방의 마음을 빼앗습니다. 지나고 보면 그렇게 괜찮은 사람이 아닌데도 닿을 듯 말 듯 밀고 당기기를 잘해서 상대방을 애태우곤 합니다.

이해가 안 갈지 모르지만 자녀를 착취하는 부모도 꽤 있습니다. 이런 부모는 자녀에게 이중구속double bind 메시지를 자주 씁니다. 자식이 떠나는 것이 두렵기 때문에 오히려 상대방을 불안하게 만들어서 독립하기 어렵게 만듭니다. 겉으로는 "나이가 찼으면 독립하는 것이 당연하다." "빨리 결혼하면 좋겠다."라고 말하지만 은연 중에 자녀를 완전한 성인으로 대하지 않고 아이로 대합니다. 세상은 위험한 곳이며 부모의 품을 떠나서는 아무것도 할 수 없는 사람이라는 식의 이야기를 합니다. 대놓고 말을 하는 것이 아닙니다. 연애를 시작했다는 자녀에게 "너같이 순진한 애가 남 좋은 일 할까 걱정된다."라고 반응하거나, "세상에 믿을 사람은 핏줄뿐이다."라면서 타인과의 신뢰관계 형성을 방해합니다. 통계적으로 아빠와 아들 사이보다는 엄마와 딸 사이에서 자주 발생합니다. 겉으로 말하는 바와 실제 의도가 다른 이런 이중구속으로 인해 자녀는 혼란스럽고 불안합니다. 독립하면 큰일 날 것 같은 생각이 들지요.

당신을 애타게 만들어 가치를 낮게 여기도록 하고, 자신의 가치는 높이는 상황을 떠올려보십시오. 사실 지나고 나면 그렇게 대단하지 않은 경우가 많습니다. 하지만 저도 예전에 그런 것에 많이 속았고, 지금도 적게는 속고 있을 겁니다. 과거보다는 덜 속을 수 있는 까닭은 더 많이 속아봤기 때문이지 특별히 지혜로워져서는 아닐지도 모릅니다. 1990년대 초반에 용산전자상가를 가면 여기 아니면 이 물건을 살 수 없다고 하는 분들이 계셨습니다. 다른 가게를 돌아보고 오면, 지금이 아니면 이 가격에 해주지 않겠다는 협박에 가까운 설득에 당시에는 속고 말았습니다. 연애 중 싸우게 되면 일부러 내 연락을 받지 않다가 본인 마음이 풀리면 전화 온 줄 몰랐다는 답변을 반복하며 애태우던 사람도 생각납니다. 다가가면 도망가고, 끊어내려고 하면 다가왔죠. 지나고 나서야 거기에 속았다는 것을 깨닫게 됩니다. 물론 용산전자상가 아저씨는 속일 의도로 가득했고, 미숙했던 연인은 의도가 없었을지 모릅니다. 어차피 복수를 할 것도 아닌데 상대방의 의도가 있느냐는 지금 별로 중요하지 않습니다. 그로 인해 내가 얼마나 불안해지고, 내 삶이 얼마나 힘들어졌느냐가 더 중요하지 않을까요?

여러분은 누구에게, 무엇에 속고 있습니까? 나 아니면 당신을 치료할 수 없다는 종교지도자? 나 아니면 놀아줄 사람 없다고 말하는 친구? 오늘 아니면 다시는 만날 수 없는 혜택이라고 하는 홈쇼핑 진행자? 그냥 수다도 아니고 굉장히 기다릴 만한 답변의 상황에서 카톡에 1이 없어진 채로 오래 시간을 끄는 사람?

당신의 불안을 이용하는 사람은 누구입니까? 이 세상에는 좋은 물건도 많지만 좋은 사람도 많습니다. 그 사람이 아니면 안 될 것 같다고요? 당신도 다른 사람을 충분히 사랑할 수 있고, 다른 사람들에게 충분히 사랑받을 수 있습니다.

희소성에 현혹되지 않는 방법은 없을까?

아무리 말해도 우리는 조작된 희소성 앞에서 또 약해집니다.

먼저 결정하는 입장에서는 결정의 무게에 걸맞은 시간을 벌어야 합니다. 결정을 재촉받는 상황에 떠밀려서는 안 됩니다. 입장을 바꿔 내가 상대방이라도 기다릴 수 있는 시간만큼은 생각을 해야 올바른 판단을 할 수 있습니다. 가구, 자동차, 집과 같은 비싼 물건을 사는데 오늘 안에 결정해야 이 가격이라고 하더라도 그 자리에서 결정하면 더 그릇된 판단을 할 수 있습니다. 잠시 식사라도 하고 오는 시간이 필요합니다. 그런 시간조차 주어지지 않는다면 내 것이 아닙니다. 물론 내가 먼저 어떤 제안이나 조건을 정해놓고 기다린 경우에는 좀 다릅니다.

이력서를 내고 면접을 본 뒤 입사 제안을 받았을 때는 바로 결정해도 괜찮습니다. 왜냐하면 내가 그 회사가 어떤 곳인지 살펴보고 근무조건도 보고 지원한 것이므로 그동안 꽤 오랫동안 고민을 했을 것이기 때문입니다.

결정을 기다리는 시간이 너무 길어져서 불안하고 더 집착하게 한다는 점도 주의해야 합니다. 만약 내 친구의 경우라면 어떻게 말해줬을지 고민해보면 간단합니다. 결혼도 아니고 연애하자는 고백에 일주일 이상 기다리게 한다면, 네가 많이 좋아하는 사람이니 그 정도는 기다리라고 할 수 있을지요? 혼자만의 시간이 필요하다는 이유로 양해 없이 일주일간 연락을 끊은 연인을 원래 그 사람의 방식이라고 이해하리고 할 수 있을지요? 이런 식의 불안에 우연히 한두 번 끌려갈 수도 있긴 합니다. 저도 바빠서 답장을 못하는 메일이 생기기도 합니다. 그러나 여러 번은 우연이기 어렵습니다. 기다리게 하는 사람들에게 끌려가고 불안을 느끼다 보면 나도 원래는 상대방과 동등했고 자기결정권이 있다는 사실조차 잊게 됩니다. 아무리 이렇게 말을 해도 불안이 심한 사람들은 생각도 많기 때문에 상대방의 아무 생각없는 무응답에 마음을 졸이게 됩니다. 저도 옛날에는 그런 사람들에게 많이 당해왔지만, 그런 초조함을 안겨주는 사람들이 악의가 없더라도 끊어내 버리는 것이 좋다고 생각해서 지금은 과감하게 정리합니다. 앞서 말씀드렸듯 의도 여부는 중요하지 않습니다. 제가 그 사람들에게 복수를 하는 것도 아니고, 저 없다고 삶이 굉장히 잘못되는 것도 아니니까요.

감사일기 쓰기

희소성 있는 관계에 대한 집착은 순간적 성취의 도파민과 관련 있습니다. 중독된 사람들처럼 관계에서도 성취를 얻으면 도파민이 나옵니다. 설레고 불안정한 관계에서 긴 평화의 시대로 가려면 세로토닌의 길을 택해야 합니다. 짜릿함보다는 안정감을 주는 세로토닌과 같은 관계는 지루할 수도 있어서 이를 유지하는 것이 쉽지 않습니다. 우리는 새롭게 만난 사람에게 설레고 가기 어려운 여행지에서 더 감동하게 되어 있습니다. 곁에 있는 사람과 일상의 소중함을 느끼려면 연습이 필요합니다. 일상의 재미를 위해 좋은 취미는 독서와 운동입니다. 왜냐하면 너무나 평범하고 남에게 자랑하기 어렵고 하기 쉬운 취미이기 때문입니다. 자랑하기도 애매하고 돈이 많이 들지도 않습니다. 그래서 더 도움이 됩니다. 감사일기와 같은 도구로 일상에서 감사할 일을 억지로 찾아보는 것도 도움됩니다. 분노 조절, 명상 등 많은 정신건강에 대한 책에서 감사일기를 추천하지만 저는 괜히 쑥스럽고 간지럽게 느껴졌습니다. 그래서 환자분들에게 추천하지도 못했습니다. 그러나 감사일기를 쓰면서 불안이나 우울이 많이 나아졌다는 이야기를 들으면서 조금씩 추천해보았더니 효과가 좋았습니다. 나를 괴롭히던 큰 문제가 해결되지 않은 상태인데도 작은 감사를 통해 삶이 변한다는 것이 놀라웠습니다. 따라 해보니 효과가 있었습니다.

감사일기는 단순합니다. 매일 감사하는 일을 찾아 써보는 것인데요. 세 가지를 권유하지만, 한 가지씩만 짚어봐도 도움이 됩니다. SNS에 공유해도 되고, 가족들과 이야기를 나누는 것도 괜찮습니다. 행운이 가득한 날보다는 특별한 좋은 일이 없는 날에 오히려 주변을 더 잘 돌아볼 수 있는 여유가 생깁니다. 한 달만 연습해보면 전쟁이 나지 않는다는 당연한 사실에도 감사할 수 있게 됩니다. 친구에게 먼저 연락이 온 것뿐만 아니라 내가 친구에게 연락할 여유가 있는 점도 감사할 일입니다. 변화는 지금 이 책을 읽으며 고개를 끄덕이는 순간에 오는 것이 아닙니다. 직접 해보고 억지로 찾아본다면 손에 닿지 않는 희소성이나 특별한 기적에서 자유로워질 수 있습니다. 한결같이 내 곁에 있어주는 사람, 오랫동안 입는 옷, 늘 걷는 거리가 얼마나 감사합니까? 꼭 그런 것까지 해야 하나, 뻔한 이야기를 하는구나 라고 생각하는 사람일수록 도움받을 수 있습니다.

불안하지 않은 관계를 유지하려면 이렇게 자기 자신을 돌보는 것이 중요하겠지요. 하지만 이렇게 말씀드리고도 마음에 걸리는 것은 현실에서 관계를 맺으려면 타인의 감정을 잘 관찰해야 하는 경우가 많고 스스로를 돌아보는 게 그다음이기 때문입니다. 더 괜찮은 사람이 더 사랑받는 것이 아닙니다.

앞서 말씀드린 이유 외에도 찌질한 유부남이 젊고 똑똑한 여자를 유혹할 수 있는 이유가 한 가지 더 있습니다. 유부남은 어쨌든 연애에 성공한 경험이 있습니다. 실패하지 않은 연애의 끝을 본 자신감이 몸에 새겨져 있습니다. '난 결혼까지 골인해 봤으니까 미혼의 마음을 잘 알아.' 의식적으로 이렇게 생각하고 있냐면, 그렇지는 않습니다. 그 '성공 경험'은 이렇게 나쁜 경우뿐만이 아니라 우리 일상에서 학습, 투자, 관계에 있어 큰 영향을 끼칩니다. 갖가지 성취로 보상회로가 활성화되면, 즉 좋은 경험을 하면 다음에도 그 경험을 달성하기 쉽습니다. 이 것은 마약 중독이나 도박에서는 나쁘게 작용합니다. 그러나 대인관계를 좀 더 수월하게 하고 여유를 줍니다. 성공 경험이 있는 사람은 자기 불안에 덜 관심을 두고 상대방의 감정에만 관심을 두는 여유를 가질 수 있습니다.

부재중 전화에 답을 안 하고 시간을 보내면 상대방만 불안할까요? 이번 주말에는 만나지 말고 그냥 쉬고 싶다고 말하면 상대방만 불안할까요? 서로 좋아한다면 상대방만 불안한 상황이 아닙니다. 그런 행동을 하는 사람도 당연히 불안하죠. 그런 상황에서 자기감정에 거리를 두고 외부에 더 집중할 수 있다면 관계를 내가 원하는 대로 이끌기 쉬워집니다. 반면 내 불안이 크면 상대의 감정을 존중하기는 힘듭니다. 상대방에 대한 존중이라는 것이 꼭 애정의 크기를 의미하는 것은 아닙니다. 인간관계에서 꼭 주도권을 쥐어야 하냐고 묻는다면 할 말이 없지만, 회사 간 협상이나 국가 간 외교를 떠올려보십시오. 그런 과정에서 내 감정보다 상대의 감정에 주의를 기울여야 한다는 점은 모두 동의할 것입니다. 부모와 자식 관계조차도 매일 미세한 협상과 설득이 반복됩니다. 다른 인간관계도 마찬가지입니다. 애정의 크기와 무관하게, 끌려다니는 쪽은 더 불안하기 때문에 협상의 주도권을 일방적으로 뺏기지 않는 것은 중요하다는 의미입니다.

적당한 거리 두기의 힘

의도된 희소성이나 시간 지연 등의 수단을 반복하는 관계가 계속된다면 거리를 두는 것도 생각해보아야 합니다. 미성숙한 관계가 회복되는 것은 너무나 어렵습니다. 에린 K. 레너드의 책 《우리의 관계를 생각하는 시간》에서도 나오듯, 한쪽의 성찰만으로 미성숙한 사람끼리의 관계가 나아지지 않습니다. 미성숙한 사람이 아예 다른 성숙한 사람을 만났을 때 변화할 수 있더라도 말입니다.

또 한 가지 고려해야 할 요인은 애착유형입니다. 애착유형은 친밀하고 지속적인 정서적 관계를 맺는 방식을 말합니다. 애착유형은 주위에 기대하고, 남들의 기대를 충족시키는 방식을 결정합니다. 제가 늘 의문이 드는 부분이지만, 연구 결과로는 어른들 중 절반 이상이 안정애착이라고 합니다. 반면, 관계에 대한 손상으로 불안정애착에 해당하는 사람들도 꽤 있으며 불안정애착에도 몇 가지 유형이 있습니다. 불안정애착 중에는 불안과 감정 기복이 심하며 상대방의 부정적 신호에 예민해져 표현을 격하게 하는 불안형(양가형)이 있습니다. 감정을 잘 표현하지 않고 갈등을 부정하고 피해버리는 회피형이 있습니다. 두 쪽 다 건강하다고 보기는 어렵지만 불안형과 회피형이 만났을 때 불안형이 불리하다고 봅니다. 갈등이 있을 때 불안형은 즉시 해결해야 하지만, 회피형은 입을 닫아버리고 자리를 피하기 때문에 불안형 입장에서 애가 탈 수 있습니다. 당연히 안정형과 만나면 좋습니다. 불안한 사람들은 말문을 닫아버리고 신비주의를 구사하는 사람들에게 이기기 어렵습니다. 싸움에서 지지 않으려면 내가 이길 수 없는 상대를 알아채는 것이 중요합니다.

몸의 반응이 먼저 찾아오고 감정이 몸을 따라간다는 점도 중요한데요. 자리를 떠버리는 연인 때문에 가슴이 쿵쾅거리고 식은땀이 나는 것을 느끼고 나면 그 뜨거워진 몸 때문에 더 불안해집니다. 겉이 먼저이고 그로 인해 속이 타들어가는 것입니다. 불안형은 교감신경의 항진을 더 강하게 경험하기 때문에 더 흥분하고 화내게 되고 결국은 약자가 되고 맙니다. 생각만 행동을 결정하는 것이 아닙니다. 행동이 생각을 결정합니다. 미친 듯이 전화를 걸면서 애걸복걸하면 집착은 더 심해집니다.

아무런 잘난 것 없이, 내가 배울 것 없이 밀당만 잘해서 날 불안하게 하는 사람에게 자신을 희생하지 마세요. 다른 사람을 다시 사랑하는 데 시간이 걸리는 것보다도, 내 자신을 사랑하는 데 꽤 오랜 시간이 걸리게 됩니다. 인간은 어쩌면 다들 비슷한 존재이고 괜찮은 사람들은 꽤 많습니다. 부모를 잘못 만난 것은 내 탓이 아니지만 내가 직접 선택할 수 있는 관계에서까지 그렇게 마음이 너덜너덜해질 필요가 있을까요. 연애나 우정에는 기회비용이 발생합니다. 긴 시간 쩔쩔매느라 성숙한 사람을 만날 기회를 놓칠 필요는 없습니다. 불안하게 만드는 사람은 계속 그렇게 합니다. 주변 사람들을 불안하게 함으로써 자기 불안을 해결하는 것도 습관입니다.

정말로 인생에 이런 괜찮은 사람을 만날 기회가 단 한 번뿐이라고 판단된다면? 그런 로또 같은 행운이라면 오래가기 어렵습니다. 만약 그렇다면 당신에게 과분한 사람인 겁니다. 실제로 그만큼 과분한 사람일 가능성보다는 스스로의 가치를 낮게 평가하고 상대방을 너무 과대평가하기 때문입니다. 차라리 냉정하게 경쟁심이라도 갖고 한번 생각해보는 게 어떨까 싶습니다. 저 사람이 정말 나보다 훨씬 나은 사람이 맞긴 맞는지 말입니다. 그리고 내 주변에 저렇게 괜찮은 사람이 정말 없는지 말입니다. 계산적으로요. 비교해보는 것도 하나의 방법입니다. '나 vs. 애태우는 상대방' 또는 '내 주변 사람들 vs. 애태우는 상대방' 이런 식으로요. 내 친구가 나와 같은 상황이라면 뭐라고 충고해줄지 거리를 두고 생각해보는 것도 방법입니다.

누구나 밑지고 싶지 않습니다. 투자한 것보다 이득을 얻기 원합니다. 특히 인간관계에서 내가 준 만큼 받고 싶어 합니다. 진심을 말하자면, 내가 주는 정도보다도 더 큰 사랑을 받고 싶습니다. 어차피 사람 관계는 평등하지 않습니다. 불평등으로 속상할 수는 있습니다. 어느 정도의 불평등을 받아들이고 살

수도 있습니다. 하지만 대안이 없는 것은 아닙니다. 그 불안의
원인이 나의 어린 시절에서 비롯된 것이든 상대방의 기술에서
비롯되든 말입니다.

사람들에게 늘 맞춰주며 산다면

남들에게 맞춰주기만 하며 산다는 분들이 있습니다. 언뜻 들으면 비참합니다. 다른 사람들의 눈치만 보면서, 언제나 '을'의 입장에만 있었으니 얼마나 비참합니까. 그런데 정말 그럴까요?

나는 왜 힘들게 남들에게 맞춰주면서 살까요? 가장 흔한 경우는 사랑받고 싶기 때문입니다. 다행히 이 소망은 일시적으로라도 이루어질 수 있습니다. 사람들은 자기를 잘 맞춰주는 상대방에게 호감을 느낍니다. 자기 이야기를 하는 사람보다는 내이야기를 들어주는 사람을 좋아하고요. 내 선택을 존중하고 따르는 경우 호감도는 올라갑니다. 호감을 넘어 호구가 되어서는 안 되겠지만요.

좀 다른 질문을 해봅니다. 만약에 남들에게 맞춰주지 않으면 어떻게 될까요? 이 질문에 대한 답이 어쩌면 더 문제입니다. 남에게 맞춰준다는 사람들은 대부분 이 질문에 "사람들이 나를 떠나간다."라고 대답합니다. 십중팔구 관계가 악화될 것이라 예상합니다. 나만 노력하고 애쓰니 관계가 유지되는 것이라는 생각이 숨어 있습니다. 내 존재 자체는 사랑받기 어렵고 상대방을 배려하니까 사람들이 관계를 유지한다고 믿습니다. 밥을 사기 때문에 친구들이 나를 만나준다거나, 성관계를 허락하니까 연인관계가 유지된다고 믿습니다.

세상에는 좋은 사람도 많지만 나쁜 사람들도 꽤 많습니다. 다른 사람들을 이용해먹는 사람들도 많습니다. 그렇다고 허구한 날 주변 사람들을 시험하면 서로 피곤합니다. 사람들을 완전히 악하거나, 완전히 선한 사람으로 나누고 이를 구별하기 위해서 대인관계에서 끊임없이 시험하는 것은 경계선 인격장애의 특징입니다. 경계선 인격장애 환자들처럼 자해, 폭로 등 해로운 방식으로 상대방의 관심을 끌면 더욱 안 됩니다. 그런 자기파괴적 방법을 쓰라는 이야기는 아닙니다. 그냥 한 번쯤 맞춰주지 않으면서 관계를 시험해보세요. 그런 유치한 시도는 필요합니다. 제가 제안한 이 연습을 어느 환자분은 '경계선 인격장애 체험'이라고 이름을 붙여주셨고 그 어떤 방법보다 효과 있다고 하셨습니다.

맞추지 않으려면 인간관계에서 내가 무엇을 어떻게 상대방을 맞춰주고 있는지를 먼저 알아야 합니다. 그냥 기분 상으로 눈치만 보고 실제로 상대방을 배려하는 것이 없다면 그것은 맞춰주는 것이 아닙니다. 나 혼자만 그렇게 생각하는 것이 아닙니다. 실제 어떤 행동으로 남을 배려하고 있나요? 억지로 미소 짓는다거나, 다른 사람의 하소연을 듣는다거나. 그런 것 말입니다.

복잡하고 근본적인 문제를 시험해보라는 것이 아닙니다. 만약 내가 늘 밥을 더 많이 산다면 눈 딱 감고 밥값을 내지 말아보는 것입니다. 예의가 있고 나를 아끼는 사람이라면 어떻게 반응할까요? 남들 사는 동네 쪽으로 늘 이동한다면 우리 집 가까운 곳에서 약속을 잡아보는 것도 방법입니다. 정말로 돈이나 시간을 아낄 목적이 아니라 일부러 연습한다는 자세로 해봅니다. 자존심이 있고 평등한 관계를 지향하는 사람은 형편이 차이가 나면 저렴한 메뉴를 먹자고 해서라도 어떻게든 본인이 살 기회를 만듭니다. 이야기를 너무 들어주기만 해서 사람들을 만나고 나면 기가 빨리는 사람이라면 작정하고 힘든 이야기를 한번 꺼내보세요. 거짓말로 지어내서는 안 됩니다. 저도 한번 해보니 평소 저에게 배려가 없다고 느꼈던 사람들은 제가 힘든 부분에는 관심이 없더군요. 이런 관계들을 돌아보면 아마 다른 방면에서도 억울함이 있는 경우가 대부분입니다. 막연히 짐작할 때보다 확인하게 되니 홀가분해졌습니다. 좋은 결과로 인해 관계가 돈독해질 수 있습니다. '그래, 오늘은 듣지만 말고 힘든 얘기를 해보자'라고 결심하고 상대방에게 제법 많은 이야기를 하게 되었는데 '아, 생각보다 주위 사람도 나를 맞춰주는구나'라고 제대로 감사할 수 있다면 그것도 좋은 일 아닙니까.

관계의 재정립은 '나'로부터

평소의 패턴을 버리고 새로운 시도를 하려면 긴장이 됩니다. 그 과정에서 화를 내면 안 됩니다. 주관적 긴장은 객관적으로 볼 때 짜증으로 보일 수 있습니다. 안 하던 행동을 하려니 긴장해서 말투나 표정에 짜증이 묻어날 수 있습니다.

예전에 그런 적이 있습니다. 저는 강북에 살고 친구는 강남에 삽니다. 그 친구는 약속장소를 정할 때 "교통이 좋으니 강남에서 만나자."라고 했습니다. 여러 번 반복되니 기분이 좋지 않아서 "이번에는 우리 집 근처에서 만나."라고 말했습니다.

왜 화를 내냐는 반응이 돌아오더군요. 화를 낸 것은 아닌데, 안 하던 말을 하려다 보니 긴장되었던 것은 사실입니다. 그런 말을 하려면 더 작정하고 차분하게 했어야 하는 후회는 있습니다. 그러나 말투에 대해서 지적은 하더라도 결국 배려해줬다면 제 마음은 달라졌을 것입니다. 만날 때마다 밥도 얻어먹던 그 친구는 제가 사는 지역이 멀고 맛집도 없다며 못 오겠다 했고 저는 더 이상 그 친구와 연락하고 싶지 않습니다. 친구가 거동 불편한 장애인이거나 임신 중이거나 이해할 만한 다른 사정이 있었다면 그곳으로 갔겠죠. 각자의 상황을 고려하지 않고 똑같은 거리를 이동하자는 게 아니었습니다. 만나는 장소는 오랜 관계에서 하나의 상징입니다. 내가 양보해야만 유지되는 관계였는데도, 오래되었다는 이유로 간신히 끌고 가던 집착에 대해서 반성하게 되었습니다. 그 시간에 다른 소중한 사람들과 함께하거나 책을 읽는 것이 더 좋았을 것입니다.

순수한 내 존재가 아니라 행동 때문에 사랑받는 것이 속상한가요? 자기 자신과 자기 행동의 경계는 무엇인가요? 행동도 내 자신의 일부입니다. 배려도 나의 능력입니다. 사람들은 누구나 상대방의 감정 깊숙이 들여다보는 게 아니라 행동을 보고 관계를 맺습니다. 어린아이도 아니고 막말을 하고 배려하지 않는데 사람들에게 사랑받을 리가 없습니다. 안타깝지만 부모조차도 순한 아이랑 있을 때 마음이 더 편할 수밖에 없습니다. 아무것도 하지 않아도 존재 자체만으로 사랑받고 싶다고요? 그렇게 매력이 철철 넘치는 사람은 없습니다. 애쓰는 티가 나는 사람과 그렇지 않은 사람이 있을 뿐. 물 위에서 백조를 볼 때 다리를 젓는 것이 보이지 않습니다. 파파라치 컷처럼 우연한 순간을 포착한 화보 같은 사진들이 요즘 인스타그램에서 많이 보이죠? 카메라에 관심 없는 척하지만 몇십 장 중에 하나 고른 것입니다. 인기와 사랑을 받는 연예인들도 대중의 관심에서 멀어지지 않기 위해서 애를 씁니다. 우리는 부모 자식 관계나 영화에 나오는 완벽한 사랑에 대한 환상을 버릴 필요가 있습니다. 행동이 쌓여서 존재가 됩니다.

남들 눈치 보는 사람들의 문제

남들에게 맞춰주며 산다고 생각하는 사람들의 또 다른 문제는 무엇일까요? 사실 남들도 나를 상당히 배려하고 맞춰주는데 안타깝게도 그 사실을 잘 모르는 경우가 많습니다. 그렇다면 왜 모를까요?

사람에 대한 기본적 신뢰가 부족하기 때문입니다. 그런데 이건 생애 초기 부모와의 애착관계에서 오는 경우가 많거든요. 이런 기본적 신뢰의 결핍 때문에 사람을 믿지 못하다 보니 괴롭습니다. 하지만 좋은 사람들과 좋은 관계를 맺는 것은 중요합니다. 좋은 사람들과 관계를 맺으려면 나도 어느 정도 좋은 사람이 되어야 하는 거니까 일단 남에게 좀 맞춰주는 것도 나쁘지 않습니다. 남이 원하는 바가 무엇인지를 짚어내는 것도 능력입니다. 아무나 할 수 있는 것은 아니죠. 그러니 남에게 맞춰주며 산다는 것에 스트레스받지 말고 자랑스럽게 생각합시다.

내가 사랑받기 어려운 사람이라고 생각하면, 나만 다른 사람들 눈치를 보고 맞춰준다고 여길 수 있습니다. 그렇다면 다른 사람들이 왜 나랑 곁에서 지낼까요? 나를 좋아하지도 않는데 이용하려는 목적으로요? 그건 앞뒤가 안 맞습니다. 정말 당신을 이용해먹을 생각이면 누구보다도 잘 맞춰줄 겁니다. 그런 논리라면 오히려 너무 나에게 맞춰주는 사람을 조심해야 합니다. 내가 맞춰주고 눈치 보게 되는 사람들은 적어도 뒤통수를 칠 사람들은 아닌 거죠. 그런데 눈치 보는 것으로 스트레스 받는 사람들은 이 두 가지 생각을 동시에 합니다. 대가를 바라고 나를 이용할 거라는 의심을 한다면, 이용할 만한 대단한 가치가 있어야 합니다. 그렇게 대단한 사람이라면 착취하는 사람이 아니라 나를 정당하게 이용하는 사람과 관계를 맺는 것이 필요합니다. 이용할 때 하더라도 나중에 다른 방면에서 도움을 주거나, 적어도 고마움을 표현하는 사람의 눈치를 보는 것이 더 행복할 것입니다.

다른 경우는 사람들도 '나'를 맞춰주고 있는데 그것을 모르는 경우입니다. 사람의 기억은 완벽하지 않습니다. 기분에 따라서 같은 사건도 다르게 기억하기 마련입니다. 어쨌든 자신이 다른 사람에게 맞추는 과정은 내 마음속에서 일어나는 일이 거든요. A가 파스타를 먹고 싶었는데 그 말을 안 합니다. 내가 원하는 바를 먼저 말하기 어려우니까 B한테 뭐 먹고 싶냐고 묻습니다. 돈가스를 먹고 싶다는 B의 말에 자신의 욕구를 접고 돈가스 집으로 향합니다. A의 머릿속에서 일어난 과정을 B는 모릅니다. A는 내가 B의 눈치를 보고 맞춰줬다고 생각합니다. 반면에 B는 얼마 전에 A가 SNS에 "드라마에 돈가스가 나오는 걸 보니 밤중에 먹고 싶네."라고 올린 글을 기억하고 그런 제안을 했던 것이었습니다. B는 A의 눈치를 보고 배려한 것입니다. 두 사람의 배려가 엇갈렸지만 적어도 A가 눈치 보고 사느라 힘들다고만 할 상황은 아닙니다.

우리는 다른 사람의 마음속에 들어갈 수 없습니다. 자기 혼자만 고민하고 배려하는 영혼이 아니며, 각자 다른 이를 다른 방식으로 배려합니다. 사람들은 소심한 분야가 조금씩 다를 뿐 소심합니다. 혼자 눈치 보는 게 아니니 그렇게 걱정 안 해도 됩니다.

"저는 눈치 많이 보는 성격이에요."라는 사람들 중 실제로는 자기주장을 잘하는 사람들도 많습니다. "조심스럽게 말씀드리는데…"라고 시작하면서 할 말 다 하는 사람들이 얼마나 많습니까? 우리나라에서 가장 많은 A형들은 자기가 소심하다고 주장합니다. A형이라는 혈액형을 통해서 본인이 참고 남을 의식한다는 생색을 낼 수 있는 기회를 얻는다고 봅니다. 눈치 보는 성격이라고 주장하는 사람들도 배려에 대해서 표현하고 주장하고 싶은 것은 아닐까요. 그런 생색이 꼭 나쁜 것은 아니지만, 그래도 마음속으로는 알고 있어야 합니다. 남들도 당신을 꽤 배려하고 있습니다. 그래서 공감능력이 뛰어날수록 행복할 수 있습니다. 다른 사람을 행복하게 하려고 인간이 공감을 하는 것은 아닙니다. 내가 행복하기 위해서입니다.

사람들이 나를 떠날까 봐 불안하다면

우리는 누구나 엄마 뱃속에서 혼자였습니다. 어둡고 좁은 곳에 혼자 웅크린 채 삶이 시작됩니다. 어느 평화로운 죽음을 떠올려봅니다. 천수를 누리고 아늑한 곳에 누워 사랑하는 유언을 남긴 후 숨을 거둡니다. 가족들은 눈물을 흘리고 있습니다. 드라마 속에나 나오는 장면입니다. 설령 그렇게 죽을 수 있더라도 결국 죽음을 겪는 것은 나 혼자입니다. 마찬가지입니다. 우리 삶은 원래 외로운데도 외로워지는 것을 두려워합니다.

누군가가 곁에 있다는 느낌은 어쩌면 착각일 수도 있습니다. 사람 사이의 사랑이나 믿음이 부질없다거나 관계를 맺을 필요가 없다는 뜻이 아닙니다. 다만 사람들이 각자 개별적인 존재라는 의미입니다. 다른 사람이 보는 장면과 다른 사람의 느낌에 대해서 우리는 짐작할 뿐입니다. 슬픔을 나눈다고 반이 되지 않습니다. 위로를 받아 스스로 슬픔을 이겨낼 힘을 가질 뿐입니다.

인간에게는 다른 사람의 행동과 표정을 모방하고, 공감할 때 활성화되는 거울 뉴런Mirror Neuron이 있습니다. 거울 뉴런이 있다고 해서 다른 이의 고통을 대신 느낄 수 있는 것은 아닙니다. 자식이 아프다고 해서 엄마가 대신 아파줄 수는 없습니다. 어제 연인하고 헤어진 친구의 고통을 진정으로 함께 느낄 수 없습니다. 다만 내가 1년 전 헤어져본 경험과 다른 사람을 통해 비슷한 감정을 짐작할 수 있습니다. 같은 조각의 케이크를 나눠 먹는다고 과연 내가 느끼는 기쁨과 친구가 느끼는 기쁨이 같을까요? 사람들이 서로를 바라고 이해하려고 애를 쓰지만, 완전히 같은 위치에서 똑같은 시선으로 세상을 바라볼 수는 없습니다.

혼자여도 괜찮아

우리는 결국 모든 것을 혼자 겪습니다. 혼자가 되더라도 두려워할 필요는 없습니다. 이미 누구나 어느 정도 혼자였기 때문입니다. '혼자'라는 것은 미래에만 일어날 일은 아닙니다. 우리는 많은 일을 혼자서 잘해왔고, 외로워도 잘 살아왔습니다.

10대에 마치 영원히 우정을 함께할 것 같았던 친구들이 떠났습니다. 잘 생각해보면 내 입장에서만 버려진 것이 아닙니다. 서로 바쁘게 살다 보니, 힘들다 보니, 지금 곁에 있는 사람들과의 관계에 집중하다 보니 그렇게 되었습니다. 내가 생각날 때 손을 뻗는다고 반드시 그 사람이 바로 그 시기에 손을 잡아줘야 하는 것은 아닙니다. 의도적으로 절교하는 것만 떠나는 것이 아니라 나도 모르게 사람을 떠날 때도 있으며, 나도 상대방도 모르게 버려질 수도 있습니다. 의도적으로 나를 끊어낸 사람도 있고, 병이나 사고로 어쩔 수 없이 영영 헤어진 적도 있습니다. 모든 이유를 이해하는 것이 무슨 의미가 있을까요? 결과적으로 내 곁에 있는 사람들이 내 인연 아닐까요? 인연이 그냥 주어진다고 생각한다면, 지금 곁에 있는 사람이 나한테 소중하다는 걸 받아들인다면 누가 떠날까 봐 두렵고 굳이 그럴 필요는 없을 것입니다.

혼자가 되고 싶지 않습니다. 하지만 언젠가 다시 혼자가 될 것입니다. 그게 무서워 수많은 사람과 관계를 맺는 사람들도 있습니다. 하지만 인간의 역량에는 한계가 있습니다. 핸드폰의 전화번호부에는 몇 백 명의 사람들이 있습니다. 나를 진심으로 좋아한다고 믿을 수 있는 사람은 그중 몇이나 될까요? 많은 인간관계 중에 우리를 치유하는 관계는 그중 극히 일부입니다.

삶은 혼자가 되거나, 사랑하는 사람을 혼자가 되게 하거나 둘 중 하나입니다. 돈이나 건강보다도 사랑하는 사람과 함께 있을 때 인간은 가장 큰 행복을 느낍니다. 손을 놓을 때의 느낌이 싫다고 악수를 하지 않을 수는 없습니다.

사랑하는 사람들이 세상을 떠나고 나면 깨닫습니다. 사람들이 나를 떠날까 봐 두려운, 그런 종류의 불안은 어차피 원초적인 것입니다. 없애기가 어렵습니다. 어떻게 해야 할까요? 그리워하는 것이 두렵다고 사랑을 덜 줄 수는 없습니다. 배우자와 사별한 사람들의 경우, 생전 관계가 원만했을 때 헤어짐의 아픔을 더 잘 극복합니다. 사이가 안 좋았던 사람이 막상 떠나면 사과를 받지 못하고, 복수할 기회를 잃어서 화가 나고 또 내가 미워했던 죄책감 때문에도 힘듭니다. 그래서 오히려 사별 후에 더 우울해지는 경우가 많습니다. 사랑하는 사람에 대해서는 떠나는 것을 두려워할 필요가 없습니다. 지금 행복한 관계, 좋은 시간으로 인해서 우리는 서로가 곁에 없을 때도 행복할 수 있습니다.

내일 이 사람과 못 본다면 무엇이 가장 아쉬울까, 이렇게 한 번쯤 생각해보는 것. 그것이 우리가 아끼는 사람들과의 이별에 대비할 수 있는 최선입니다. 유시민의 《어떻게 살 것인가》에서도 사랑하는 사람과의 갑작스런 이별을 상상하면서 현재의 사랑이라는 감정을 확인할 수 있다고 합니다. 당연하다고 생각하는 것이 언제 끝날지 모릅니다. 헤어지는 과정 자체에 대한 아쉬움보다는 잘 지낼 때 더 잘 지내지 못한 것이 아쉬울 수 있습니다.

좋은 사람들과 다시 만난들 그리운 시절로 돌아갈 수 있는 것은 아닙니다. 헤어지지 않는다고 시간을 멈출 수 있는 것은 아닙니다. 1분 이상 대화를 잇기 힘들어 결국 문 쾅 닫고 들어가버리는 사춘기 자녀를 이해 못하는 부모님들이 많습니다. 그 아이들이 부모에게 달려와 안기던 때가 그립겠지만, 그 시절로 돌아갈 수는 없습니다. 자녀와 함께 사는 사람도 자녀와 헤어져 사는 사람도 부모를 반기며 웃던 어린 시절로 돌아갈 수 없기는 마찬가지입니다. 첫사랑과 헤어지든 결혼에 성공하든 처음 만났을 때의 그 설렘으로 돌아가지 못하는 것은 공평합니다. 다시 돌아오지 않을 그 시절에 해야 할 일이 무엇일까요. 그게 지금이라면, 할 수 있는 일이 무엇일까요. 사람들의 후회는 다들 비슷하고 단순합니다. 감사의 말을 좀 더 표현할걸, 더 많은 시간을 보낼걸, 즐거운 일을 함께 많이 할걸, 먹고 싶다는데 귀찮아도 같이 가서 먹을걸, 내가 뭐라도 더 해줄걸, 사랑한다고 말할걸, 힘든 순간에 짜증 내지 말걸, 이런 후회입니다. 지금 곁에 있는 소중한 사람들에게 같은 실수를 반복하지 않고 최선을 다하는 것. 그것만이 사랑하는 사람이 떠날까 봐 두려운 마음을 극복할 수 있는 유일한 방법입니다.

인간관계에서 최선을 다하면 함께 있는 시간뿐만 아니라 헤어진 후에도 다른 좋은 관계에서 더 잘할 수 있습니다. 100퍼센트 신뢰를 하니까 그 사람에게 최선을 다하라는 이야기가 아닙니다. 상대방이 배신하거나 떠나더라도 그 최선을 다하던 습관이 남아 있어서 행복하게 살 수 있습니다. 누가 처음부터 이혼할 생각으로 결혼하겠습니까. 이혼, 사별, 이별, 자퇴, 퇴사를 할 때도 최선을 다해본 사람은 다릅니다. '내가 할 만큼 해봤다'고 스스로를 인정할 수 있을 만큼 최선을 다해보는 것은 상대방이 아니라 앞으로의 나를 위해 중요합니다. 손해가 아닙니다. 헤어짐에 대한 두려움을 극복하는 방법입니다.

내가 손해 볼까 봐 **불안하다면**

주변 사람들에게 "너 왜 그렇게 손해 보고 살아?"라는 말을 자주 듣는 분들이 있을 것입니다. 저도 어느 순간 저 이야기를 자주 듣게 되었습니다. 처음에는 그 말을 이해할 수 없었습니다. 선의를 먼저 보여주면 언젠가 돌아온다고 생각했습니다. 착하게 살면 복을 받는 것이 당연해서 '생각'해본 적조차 없습니다. 늘 다른 사람들에게 베풀면서 사는 아버지를 보며 자랐기 때문입니다.

어렸을 적부터 아버지에게 신세 져서 고맙다고 하는 사람들이 있었습니다. 초등학교 시절 크리스마스에 아버지가 뼈암에 걸린 제자의 병문안을 가신 적이 있습니다. 저는 크리스마스에 아버지가 다른 사람의 병원에 꼭 갔어야 했나, 그분이 가족도 없이 쓸쓸하게 혼자 크리스마스를 보냈다고 했는데 그럼 '나는?' 싶었습니다. 이후 교수가 된 그 제자는 뼈암의 후유증으로 다리를 절며 아버지의 장례식에 왔습니다. 연신 감사의 인사를 했지만, 더 이상 그 말을 들을 사람은 없었습니다. 저에게 아버지는 손해 보는 삶, 퍼주는 삶의 상징이었습니다. 아버지의 장례식에 와서 칭찬하는 사람들을 보며 기쁘지 않았습니다. 들을 사람 없는 감사 인사가 공허했습니다.

부모가 쌓은 덕이 자식에게 가는 것일까요? 아버지가 남들에게 베푸는 덕이 쌓여 원하는 일을 하고, 무사히 살아가는 것일까 그런 생각을 해봅니다. 빚도 아니고 덕이 자녀에게 전달된다니 분명 비과학적입니다. 단지 부모의 친구나 이웃들이 나를 도와주고 호의를 베푸는 것은 가능합니다. 그런 이웃 어른들의 말과 태도가 아이에게 영향을 주는 그 정도입니다.

〈겨울왕국 2〉에서 조상의 업보가 자손들의 삶까지 영향을 미칩니다. 양영순의 《천일야화》를 봐도 우리가 지난날 무심코 지나간 일, 내가 가볍게 여겼던 일, 다른 사람에게 준 상처가 나중에 무거운 일이 되어서 돌아옵니다. 당시에는 그럴 만한 이유가 있었던 일이지만 결국 남의 삶에 부정적인 영향을 주면 그것이 나에게 화가 되어 돌아옵니다. 《천일야화》에는 주술에 걸려, 다른 쌍둥이 형제가 하루라도 기도해주지 않으면 바로 죽게 되는 무사의 이야기가 나오는데요. 쌍둥이 동생은 눈이 멀어 구걸을 하면서도 형을 위해 주문을 외우고 기도해주지만, 싸우며 하루하루를 살아가는 형은 자신이 어떻게 생명을 부지하는지 모릅니다.

누구나 손해 보거나 배신당하면 굉장히 오랫동안 기억하고 분노합니다. 실제로 누가 우리의 일상을 지탱하고 있는지, 우리가 어떻게 이 세상에서 버티고 있는지에 대해서는 자주 잊습니다. 감사할 만한 일을 매번 모두 기억하고 사는 것도 피곤한 일일 수도 있습니다. 손해라는 것은 긴 세월 중 아주 짧은 순간에 바라본 단편적인 모습일 수도 있습니다. 손해만 보는 것 같은 느낌은 스스로의 행동에 대한 후회나 자책일 수도 있지만, 실제로 삶이 그렇지 않을 가능성이 높습니다. 사람은 우연한 행위에 대해서는 행운이나 긍정적인 결과를 더 오래 기억합니다. 예를 들어 도박에서는 잃었던 순간보다는 땄던 순간이 훨씬 더 강하게 각인됩니다. 우연이 아니라 노력이 들어가는 인간관계에 대해서는 그 반대입니다. 내가 준 것을 더 오래 기억합니다.

손해 보며 산다는 말을 자주 듣는다고 불안해할 필요 없습니다. 당신이 실제 손해를 그렇게 많이 보면서 바보같이 살아서가 아닙니다. 내가 들인 정성을 기억해주는 사람들이 있기 때문입니다. 그렇게 말해주고 나를 걱정해주는 주변 사람들이 있다는 좋은 신호입니다.

손해 보고 상처받는 사람들의 특징

다들 자기 상처가 가장 큽니다. 그래서 더욱 손해 보는 것처럼 느껴집니다. 물론 남에게 베푸는 행위로 인한 극단적인 불행에 대해서는 스스로 피할 줄 알아야 합니다. 특히 돈거래에 대해서는 사람을 너무 믿으면 모든 것을 잃기 쉽습니다. 죽마고우와의 동업, 사촌의 연대보증과 같은 것은 주의해야 합니다. 줘도 괜찮을 돈만 빌려주는 원칙을 반드시 기억해야 합니다. 살다 보면 내 의지로 피할 수 있는 문제는 몇 개 없으므로, 내 의지로 피할 수 있다면 꼭 피해야 합니다. 결국 정신건강의학과에 들고 오는 문제 중 가장 많은 것은 건강, 사랑, 돈 이 세 가지입니다. 그게 인생에서 중요하다는 이야기겠죠. 건강은 관리는 할 수 있지만 우리 힘으로 어쩔 수 없는 문제도 있습니다. 사랑은 원래 손해 보는 게임입니다. 건강, 사랑은 내 마음대로 할 수 없더라도 적어도 돈에 대해서는 어이없는 손해를 보지 않는 것이 이득을 보는 것보다 훨씬 중요합니다. 그렇다고 적금 외에 어떤 투자도 하지 마라는 얘기는 아닙니다. 선물옵션, 기획부동산 등 무리한 투자를 하는 사람들이 생각보다 많습니다. 이성 친구에게 돈을 몰래 빌려줬다가 배우자의 신뢰를 잃고 의심을 받는다면 그건 이자까지 쳐서 돌려받더라도 심리적 손해가 발생합니다. 반대로 가족과 살기 위한 집을 산다면 집 값이 다른 지역보다 오르지 않더라도 실거주 비용을 절약하고 심리적 안정감이 있으므로 거의 손해를 보지 않습니다.

우리 삶에 생긴 일의 대부분은 당장 내가 잘 해서 생기는 덕도 아니고 내가 잘못해서 생기는 일도 아닙니다. 남에게 잘 해주고, 배려하고, 남의 이야기를 들어주고, 밥도 좀 더 많이 사던 사람이 갑자기 절대 손해 보지 않는 사람이 되려고 애쓰지 마십시오.

때로는 사람들에게 받은 상처에 지쳐 내 본성을 거슬러 살려고 애써봤습니다. 인간관계에서 손해 보는 바보 같은 나를 바꾸고 싶어 세 분의 스승에게 상의한 적이 있습니다. 한 분은 이렇게 말했습니다. "그냥 생긴 대로 살아요. 지금도 괜찮아요. 뭘 바꿔서 안 하던 짓을 하면 병나요." 두 번째 분은 이렇게 말했습니다. "착하셔서 그래요. 조금만 보면 그렇게 보이니까 손해 보시는 거예요. 앞으로 내가 준 것과 상대방에게 받은 것을 잘 생각해보세요. 어차피 시간은 한정되어 있는데 관계를 맺고 계시는 많은 사람들 중에 내가 손해 보지 않는 사람이 분명히 있을 거예요. 그런 분들하고 잘 지내면 됩니다." 나머지 한 분은 이렇게 말했습니다. "내가 옆에서 봐도 주는 입장으로 보이네요. 늘 주기만 하는 게 억울하죠? 억울하니까 그런 질문을 할 것 아니에요. 하지만 베풀 수 있는 것은 능력이에요. 진짜로 능력이 없어서 다른 사람에게 받아보지 않았죠? 받기만 하는 그 입장이 좋아 보여요? 베풀 수 있는 입장이 훨씬 더 좋은 거예요."

저는 세 분 중 누구의 충고를 들었을까요? 그리고 삶이 어떻게 변했을까요?

《부의 본능》에는 이런 말이 나옵니다. "사랑하는 것은 사랑을 되돌려 받지 못할 위험이 있고 산다는 건 죽을지도 모른다는 위험이 있다. 희망을 갖는 건 절망에 빠질 위험이 있으며, 새로운 시도를 하는 건 항상 실패할 위험이 있다. 부자가 되는 것은 손해 보는 걸 두려워하지 않는 데 있다."

꼭 부자라는 것이 재산이 많은 부자만을 의미하는 것은 아니겠지요. 마음의 부자가 되려면 손해 보는 것을 두려워하지 않아야 합니다. 손해 볼까 봐 불안하다면 아무것도 하지 못합니다. 그리고 내가 생각하는 손해가 진짜 손해인지도 다시 생각해볼 필요가 있습니다. 나의 업보와 나의 복은 어디에서 왔을까요? 혹시 나도 다른 사람을 상처 주고 잊는 것은 아닐까요? 누군가 나를 위해 기도하는 마음을 모른 채 사는 것은 아닐까요?

공부가 안 되어서 불안하다면

이번에 공무원 시험을 3년째 도전하는 H씨는 도무지 집중이 안 됩니다. 괜히 걱정만 되고 책이 눈에 들어오지 않는다고 했습니다. 공부하려고 앉아도 집중이 안 되어서 인터넷을 검색하다 혹시 주의력결핍과잉행동장애ADHD가 아닐까 해서 정신건강의학과에 찾아왔습니다. 그러나 성인 ADHD는 어렸을 때부터 있던 증상이 어른이 되어 드러나는 것이지 성인기에 생기지는 않는다는 말에 좌절했습니다. 그렇다고 해결책이 없는 것은 아닙니다. H씨는 시험에 떨어져봤고, 또 떨어지지 않을까 불안이 심해서 집중할 수 없었던 것입니다. 주변 친구들이 취직하는 일이 많아졌고, 같이 스터디를 하던 사람도 공무원 시험에 먼저 붙다 보니 더 불안해졌습니다. 지방직을 준비하던 중이었는데 국가직을 함께 준비해야 하나, 과목이 다른데 두 가지를 다 준비했다가 둘 다 떨어지는 것은 아닐까, 오히려 시험에 대한 걱정 때문에 잠을 못 자고, 다음 날 집중력이 떨어지다 보니 하루 종일 앉아 있어도 진도를 나가지 못했습니다. 오늘 하루 뭐 했나 더욱 불안해지고 막상 밤에는 불안함 때문에 잠을 잘 못 자고 있었습니다. H씨는 시험에 대한 걱정으로 더 결과가 안 좋아지는 악순환을 겪었지만 항불안제로 잠도 잘 자고 불안을 통제할 만한 수준으로 약간 낮추었더니 공부도 잘되었습니다.

저는 대입이나 공무원 시험은 물론, 공인중개사, 전문대학원 시험 등의 시험 일정을 꿰고 있습니다. 시험에 대한 불안으로 정신건강의학과에 찾아오는 사람들이 많기 때문입니다. 시험에 대한 불안은 대부분 원하는 만큼의 성취를 이루지 못했던 과거가 반복될 것 같은 걱정에서 오는 경우가 많습니다. 시험 불안도 자기실현적 예언을 따릅니다. '전에도 평소 모의고사는 잘 보다가 실전에서 망친 적이 있으니까 어차피 시험을 잘 칠 수 없어.' 부정적인 예측을 하면 당연히 불안감이 높아집니다. 긴장감이 너무 높아지고, 시험을 치를 때 제대로 실력 발휘를 못하는 일이 생길 수 있습니다. 예측이 맞은 게 아니라 과도한 긴장으로 실력 발휘를 못하게 된 것입니다. 운전면허시험처럼 통과 여부만이 중요한 시험은 별로 없습니다. 살면서 치르는 대부분의 시험은 경쟁이고 그 경쟁 상대들도 열심히 한다는 문제가 있습니다. 시험을 잘 볼 수 있다고 끊임없이 격려를 하는 사람조차 원하는 성취를 얻지 못하는 경우가 많은데 부정적인 생각을 한다면 잘되기는 더 어렵습니다. 긍정적인 생각을 한다고 뭐든 잘된다는 이야기를 하는 것이 아닙니다. 부정적 생각마저 많이 한다면 힘들다는 이야기를 하는 것입니다.

불안이라는 신호

시험 앞에서 불안은 단지 소음이 아닙니다. 열심히 하고 있다는 신호입니다. 시험 불안은 시험 전날이나 시험장에 들어서기 직전에 특히 심해지는데, 이렇게 직접 겪기 전에 위험을 예측해서 생기는 불안을 예기불안이라고 합니다. 이때는 '내가 이 정도 불안하면 남들도 다들 불안할 것이다'라고 생각하는 것이 좋습니다. 불안을 없애려는 노력보다는 적절한 불안도 괜찮다, 라는 태도가 필요합니다. 시험을 준비하니까, 잘 봐야 하니까 당연히 불안합니다. 불안해도 괜찮습니다. 나만 불안한 게 아니니까요.

시험을 못 봐도 괜찮다는 이야기는 아닙니다. 이왕 보는 것
인데 잘 보면 당연히 좋습니다. 시험을 잘 봐서 나쁜 경우는 없
으니까요. 하지만 떨리는 것과 시험 결과가 나쁠 것이라는 예
측을 혼동하면 곤란합니다. 불안해서 가슴이 두근거리고 식은
땀이 흐른다고 시험을 못 본다는 이야기는 아닙니다. 긴장해도
괜찮습니다. 시험이니까요.

공부가 잘 안돼서 불안하다는 사람들도 있습니다. 공부는
원래 잘되기 어렵습니다. 뭔가를 머리에 집어넣는 과정은 원래
한 번에 안 되는 것이고 재미없는 것이라는 전제를 가지고 시
작해야 합니다. 내용을 한 번에 이해하지 못하고 읽은 것을 돌
아서면 까먹는 것, 과연 나만 그럴까요? 다른 사람들은 바로
이해하고, 이해한 바를 기억하고, 필요할 때 쉽게 꺼내어 쓸까
요? 공부를 계속해보며 작은 실패를 겪어본 사람은 공부가 원
래 그런 것이라는 것을 몸으로 압니다. 그저 더 열심히 하니까
큰 실패를 피할 수 있습니다. 나중에 공부를 시작한 사람들 중
에서는 다른 사람들이 그렇게 공부할 것이라고 착각하기 때문
에 더 힘들기도 합니다. 공부는 반복입니다. 불안을 견뎌야 반
복할 수 있습니다.

공부의 과정 자체가 불안을 유발합니다. 그 불안을 어떻게

하면 쓸모 있게 사용할 수 있을까요? '시험에서 떨어지면 어떡하나' 하는 불안은 '그러니 열심히 해야지'라는 행동으로 이어질 때 생산적입니다. 적절한 긴장 속에서는 기억력이나 집중력이 높아집니다. 공부를 더 잘할 수 있습니다. 공부는 원래 마음 편하게 하는 것이 아니며 마음 편하게 공부하면서도 좋은 결과를 얻는 천재는 극히 드뭅니다. 공자는 즐기는 자를 이기기 힘들다고 했는데, 공부를 통해 보상회로가 활성화되는 것, 즉 도파민이 나오는 것보다 전두엽에 평화의 세로토닌이 나오는 것이 오히려 더 어렵다는 의미입니다. 공부를 쉽게 해야 잘한다는 의미로 해석하지는 않았으면 합니다. 공부가 왜 재미있어야 합니까? 원래 불편한 것이며, 그 불편한 상태를 극복하면서 즐거움이 올 수는 있으나 평화가 오지는 않습니다. 만약 마음 편한 상태에서도 충분히 현재 해야 할 공부의 양을 소화할 수 있다면 공부는 그 사람 역량에 비해 쉬운 것입니다. 종량제 봉투가 반밖에 안 찼는데 그걸 버리러 갈 때 좀 아깝지 않습니까. 간신히 매듭을 지을 만큼 구겨 넣어야 합니다.

요즘 성인 ADHD를 알고 치료받아서 예전보다 삶의 질이 높아진 사람들도 많지만 ADHD가 아닌 사람인데도 집중력이 저하된다면서 오는 경우도 많습니다. 그런 사람들 중에는 오히려 완벽주의인 경우도 있습니다. 완벽한 집중의 상태, 스펀지가 물을 빨아들이는 상태를 최상의, 최고의 상태라고 설정해놓고 거기에 부족한 자신이 집중을 잘 못한다고 이야기합니다.

집중력을 높이기 위해서는 자율신경이 균형을 이룰 수 있는 환경을 찾는 것이 필요합니다. 그 지점은 사람마다 다릅니다. 가장 편안한 상태가 아니라 적절한 긴장 상태에서 능률이 높아집니다. 집에서 공부가 잘되는 사람이 드물다는 것을 보면 무조건 편안한 상태에서 공부를 잘할 수 있는 것이 아님을 알 수 있죠? 적당한 긴장을 할 수 있는 환경은 사람마다 다릅니다. 부디 어떤 책이나 유튜브에 이렇게 해야 집중력이 좋아진다는 것을 믿지 마시고 스스로 찾아보길 바랍니다. 하루 이틀 공부할 것이 아니니 한 번씩 해보고, 기록해보세요. 나쁜 짓이 아니라면 일단 뭐든 해보는 것입니다. 어디에서, 뭘 먹었을 때, 기분이 어떨 때, 공부가 잘되었는지를 살펴보는 것입니다. 얼마나 진도가 나가고, 몇 시간 지속할 수 있었는지 기록해본다면 비교해볼 수 있습니다. 신나는 음악을 들으며 공부해보고, 듣지 않고도 해보고, ASMR만 들어도 보고, 헤드폰을 사용해보기도 하세요. 시끄러운 환경이 잘 맞는 사람도 있고, 카페와 같이 익명의 사람들이 열심히 공부하는 것을 보며 공부가 잘되는 사람도 있고 조용한 독서실이 맞는 사람 등 다양합니다. 가벼운 운동을 해서 교감신경의 활성화가 필요한 사람, 공부가 끝난 뒤 산책을 해야만 좋은 사람도 있습니다. 그 어떤 것에도 정답은 없습니다. 직접 기록해보면 다들 비슷한 결론을 얻습니다. 공부는 원래 편한 상태에서 하는 게 아니라는 것을 말입니다.

단, 한밤중에 공부해야 잘된다는 사람이 있는데 그건 좀 반대합니다. 작곡이나 디자인, 소설 쓰기 같은 창작 활동이면 그나마 괜찮은데요. 시험 공부는 좀 다릅니다. 밤에 시험을 본다면 괜찮지만 대부분의 시험은 아침입니다. 아침에 적당히 긴장하고 뇌가 활성화된 상태를 유지하는 것이 필요합니다. 잊지 마십시오. 긴장을 어느 정도 할 수 있는 환경을 찾는 것이지 긴장하지 않을 수 있는 환경을 찾는 것이 아닙니다.

자기혐오로 인한 불안과 감정적 기억

자기혐오, 또는 자기비난self-criticism은 불안보다는 우울의 증상입니다. 우울감이 계속되면 자기 자신이 싫어지고, 지난날 저지른 행동이나 결정을 후회하게 됩니다. '저질렀다'라고 할 만큼 대단한 일이 아닌데도 사소한 기억이 나를 괴롭힙니다. 그럼 우울감은 어디에서 올까요? 그 원인을 꼭 찾을 필요는 없습니다. 중요한 건 우울감이 결과가 아니라 원인일 수도 있습니다. 산후 호르몬 불균형에 의해, 밤낮이 바뀌는 교대근무로 인해, 일조량 부족 등 신체적 이유로 그냥 우울해질 수도 있습니다. 일단 우울해지고 나서 그다음에 내 자신을 자꾸 돌아보게 됩니다. 그리고 내 감정과 행동에 이유를 붙입니다. 아이를 낳고 호르몬의 급격한 변화로 우울증이 오는 경우는 흔합니다. 그런데 우울감이라는 감정에 대해서 남편이 육아를 도와주지 않기 때문이다, 독박육아라서 힘들다, 임신과 출산으로 인한 경력 단절이 후회된다, 부모와의 사이가 나빠서 급하게 결혼을 결정했다, 이런 식으로 감정에 대한 이유를 찾아 헤맵니다.

감정에 굳이 이유를 붙여보면 내가 다 잘못한 것 같습니다. '왜 그랬을까' 또는 '그러지 말걸'과 같은 생각이 끝없이 이어집니다. 그러다 보면 자신이 싫어집니다. 안 그래도 우울한 상태에서 돌아보면, 살면서 잘못한 것이 진짜 많거든요. 10가지 일 중 잘한 일 6개, 못한 일 4개라도 못한 일만 떠오르는 것입니다. 이런 선택적 기억selective memory에 사로잡히면 더 우울하고 불안해집니다. 왜냐고요? 잘못 살았으니까요. 중요한 것은 잘못 살아서 우울해지는 것이 아니라는 점입니다. 우울하기 때문에 잘한 일과 잘못한 일 중에서 잘못한 것만 쏙쏙 골라서 떠오르는 것입니다. 현재의 기분 중에 선택적인 기억을 바탕으로 내 인생을 평가하게 되는 거죠.

선택적 기억의 예를 들어보겠습니다. 20대 시절 저는 월급 중 매달 20만 원만 쓰고 나머지 대부분을 변액보험에 넣었다가 절반 이상 날린 적이 있었습니다. 보험이 아니고 저축형 펀드라는 말에 속았습니다. 저뿐만 아니라 속은 순진한 사람들이 집단고발을 하는 사건이었지만 어쨌든 약관을 제대로 읽지 않고 가입한 것은 제 자신이 맞습니다. 그 사람이 보험이라는 설명을 전혀 안 했을 뿐 협박해서 억지로 서명하게 만들지는 않았죠.

만약 제가 현재 기분이 괜찮은 상태에서 TV 뉴스를 보다가 그 사건을 떠올리면 '나는 열심히 돈을 아껴서 잘 모을 수 있는 사람이다', '미래에 어떤 가난이 닥쳐도 살아갈 수 있다', '안 좋은 일이 닥치고 다 잃어도 다시 일어날 수 있다' 이렇게 생각하는 거고요. 반대로 그 일과 전혀 무관한 자녀 일 또는 환자 치료가 잘 안되어서 힘들고 우울한 상황에 그 기억을 떠올린다면 '결과적으로 돈을 잃었다', '내가 속았다', '나는 왜 그렇게 멍청할까'라는 생각만 납니다. 똑같은 사건을 떠올리는데도 그 사건의 교훈 따위는 생각나지 않아요. 왜 그렇게 바보같이 살았지, 이렇게 생각하게 됩니다. 그래서 선택적 기억을 바탕으로 한 자기혐오는 이제까지 열심히 살아온 사람에게도 꽤 무서운 겁니다. 왜냐면 이제까지 완벽하게 잘 살아온 사람은 아무도 없거든요. 털어서 먼지 안 나는 사람 없다고 지금의 기분을 토대로 나의 과거를 따져 물으면 잘못한 일투성이입니다.

자기 자신에 대한 평가가 옳지 않다는 것도 모릅니다. 감정이 먼저고 생각이 나중입니다. 꼭 무슨 생각을 하기 때문에 어떻게 느끼는 것 같지만, 우리는 꽤 자주 먼저 느끼고 나중에 생각합니다. 과거로부터 켜켜이 쌓여온 그 감정에 이유를 붙이고 이야기를 만드는 것이 우리 뇌가 하는 일인데 그렇게 붙인 이유 때문에 감정은 더 오래 지속됩니다.

과거의 감정으로부터 빠져나오기

그럼 여기에서 어떻게 빠져나올 수 있을까요? 일단 저는 과거에 대한 생각이 자꾸 나는데 다른 사람이 원망스럽다면 그건 참으로 다행이라고 합니다. 미움, 원망, 화 이런 것들이 북받쳐 올라도 본인이 미운 것보다는 낫거든요. 누군가 미우면 그 감정을 그대로 두세요. 복수를 하고 싶다면 조금만 미루세요. 예수님이 원수를 사랑하라고 한 까닭은 원수를 사랑하는 것이 그만큼 어렵기 때문입니다. 쉬운 것이라면 굳이 그렇게 말할 필요도 없었겠죠. 인간의 본성에 반대되기에 더욱 새겨야 하는 것이고요. '미워하지 말아야지'라고 억지로 생각하다 보면 그 감정이 더 오래갈 것입니다. 그냥 그 사람에게 편지를 써보는 것도 도움이 되어요. 편지를 써보자고 하면 억지로 감사편지, 용서편지와 같은 것을 써오는 경우도 많은데 혼자 편지 쓰는 순간에도 너무 착하려고 하면 화가 쌓입니다. 어떤 사람은 A4 한바닥에 "죽이고 싶다, OOO 새끼야! 가만두지 않겠다." 이런 식으로 저주를 가득 써왔는데 오히려 그래서 마음이 편해질 수 있었습니다.

잠깐 샛길로 갔는데 저건 남이 미울 때 얘기입니다. 내 자신이 미울 때가 더 문제이죠. 본인이 미워서 자꾸 '나는 어떤 사람인가'라면서 존재의 의미에 대해서 탐구하는 것은 좋지 않습니다. 그러면 더 우울해집니다. 제가 해봐서 압니다. 롤프 도벨리의 《불행 피하기 기술》을 보면 사람은 자기 자신에 대해서 탐구하는 행위를 통해 발전하지 않습니다. 인류는 타인의 감정을 관찰하기 시작하면서 더욱 발전해왔습니다.

우리가 싫은 사람이 있을 때 그 사람에 대해서 미우면 미울 뿐이지 '그는 어떤 사람인가', '그 인간은 도대체 무슨 의미로 살아가는가'와 같은 고민을 하지 않습니다.

지금 마음속이 자기혐오로 가득 차 있다면, 자신과 지나온 삶에 대한 생각을 어떻게든 멈춰야 덜 불안해집니다. 자기혐오를 떨치려고 내 존재를 깊게 탐구하다가 마침내 뿌듯한 일, 자랑거리 등에 대해서 꼼꼼히 체크하고 마침내 '그래 난 생각보다 괜찮은 사람이야'라는 결론으로 끝맺을 수도 있겠지요. 하지만 그러기는 너무나 어렵습니다.

자기 자신이 싫으세요? 그럼 스스로에 대해서 자꾸 생각하지 마세요. 그렇게 싫은 사람 생각을 왜 자꾸 합니까? 지난 시간을 계속 고민하지 마세요. 제발 스스로를 그만 돌아보세요. 과도한 자기반성, 심리 과잉이 우리를 더 병들게 합니다. 차라리 남에게 관심을 가지세요. 좀 더 깊이. 누워서 나의 지난날을 생각하며 눈물을 줄줄 흘리는 것보다는 TV를 켜고 나와 무관한 사람들이 행복한 모습을 한번 보세요. 한꺼번에 여러 가지 모습을 보지 말고 한 사람의 감정에 관심을 가져보세요. 아그리파가 황제가 되려는 옥타비아누스에게 무엇하러 왕이 되려고 하느냐, 평범한 사람들이 단순하게 즐기는 생활을 못할 수도 있는데 그걸 감당하겠느냐고 했죠. 연예인들도 그럴지도 몰라요. 화려하게 웃고 떠드는 것만 보지 말고 그 미소 뒤에 숨은 고통과 노력을 한번 살펴보세요. 제일 쉬운 예를 든 거지 연예인보다는 주변 사람이나 친구에게 진심으로 관심을 갖는 게 훨씬 낫겠죠. 내가 납득하기 위해 다른 사람을 이해하는 것 말고요. 진심으로 다른 이의 마음을 들여다보고 궁금해본 적이 있나요? 특정인의 흠집을 찾아내 조롱거리로 삼으라는 것이 아닙니다. 흠집이라는 것 역시 내 시선에서 본 타인이죠. 타인의 시선에서 본 타인은 어떨지 궁금하게 여겨보세요. 저 사람은 무슨 걱정을 할까, 어떤 꿈이 있을까, 저런 모습을 위해서 어떤 노력을 했을까. 나 자신과 내 감정을 아는 것도 중요하지만 그런 생각에 너무 빠져드는 것은 경계해야 합니다. 자기성찰이 깊어져 되레 더 불안해진다면 다른 사람들의 감정을 예측해보는 훈련도 필요합니다. 처음에는 오히려 질투심이 생기고 자신감이 떨어지는 등 부작용이 있을 수도 있지만, 저 사람은 무엇이 필요할까, 왜 행복할까, 궁금해하다 보면 훌륭한 교훈을 얻을 수 있습니다. 사람들이 다 똑같다는 것, 그리고 나만 힘들게 살고 있지 않다는 것, 내가 이 세상에서 무엇을 해야 할지에 대해서 말입니다.

4장

불안한 몸에

대처하는 방법

생각 바꾸기보다 행동을 먼저 바꿔보기

불안을 이기고 좀 더 자유롭고 싶은 마음, 자신감 있게 살고픈 마음은 누구에게나 있습니다. 태도와 생각을 바꾸기 위해 자기계발서를 열심히 읽거나, 긍정적인 글귀나 유튜브를 보며 좋은 생각을 하기 위해 애씁니다. 이런 노력이 잘될 때도 있지만 잘 안된다고 너무 실망할 필요 없습니다. 생각부터 바꿔야 한다는 말이 늘 옳은 것은 아닙니다. 생각을 잡아내고 고치는 것이 쉽지 않을 때가 많습니다. 부정적인 감정을 불러일으키는 자동사고는 갑자기 스쳐 지나가기 때문에, 매서운 바람을 붙잡아 다그칠 수 없는 것과 같습니다.

정말 오래전에는 심장에 마음이 있다고 했지만, 나중에는 마음이 뇌에 있다는 것을 알게 되었습니다. 안토니오 다마지오의 《느낌의 진화》와 더글라스 호프스태터의 《사고의 본질》을 봐도 생각은 뇌 혼자서 하는 것이 아닙니다. 마음은 뇌에 있지만, 뇌 안에만 있는 것은 아닙니다. 우리 뇌와 몸의 상호작용으로 인해 생각이 있기 때문입니다. 몸으로 느끼는 감각과 머릿속의 생각은 서로 영향을 주고받습니다. 몸을 통해 느낌을 갖고, 행동을 하고, 이를 통해 생각을 바꿀 수도 있습니다.

가만히 앉아 열 번 생각하는 것보다, 단 한 번의 좋은 경험이 문제를 해결하는 데 더 효과적이기도 합니다. 전통적 인지행동치료에서는 핵심 믿음과 부정적인 인지를 바꾸고 그다음에 행동의 교정을 하고 부딪혀보는 것이 순서입니다. 만약 오래된 인지적 왜곡이 바뀌지 않고 계속 그 자리를 빙빙 돌고 있다면 먼저 행동부터 바꿔보면 됩니다. 대안이 되는 합리적 사고를 습득하지 않은 상태에서 경험부터 하는 행동치료가 근본적인 변화가 아니라는 비판도 있습니다. 하지만 근본적인 변화란 과연 무엇입니까?

근본적인 변화, 완벽한 치유가 아니라 조그만 변화도 삶을 바꿉니다. 일시적 변화를 통해서 좋은 경험을 하는 것도 충분히 의미 있습니다. 뿌리에서 다시 흰 머리가 자랄 것이 뻔해도 사람들은 염색을 합니다. 모근에서 검은 머리가 날 수 있도록 바꾸는 것이 근본적이지만 그럴 수 없다는 것을 알기 때문입니다. 새치를 염색하는 것이 젊어 보이는 효과가 없다면 왜 다들 염색을 할까요? 운동은 조금만 안 해도 원래대로 돌아오니까 처음부터 할 필요 없을까요? 우리 삶에 근본적 변화는 원래 없습니다. 만약 있다면 심한 심리적 외상을 입고 힘든 시기를 겪고, 오랜 고통 끝에 외상 후 성장을 이루는 그런 변화 정도입니다.

근본적으로 변하지 않아도 됩니다. 우리의 마음은 약해서 수박 같은 단단한 껍질이 없습니다. 수박이 아니라 수박바입니다. 그 대신 수박바는 겉핥기를 하다 보면 달콤한 맛을 느낄 수 있습니다. 겉핥기라도 해야 합니다.

불안에 맞서는 연습

생각이 바뀌지 않는다면 일단 연습해봅시다. 불안을 맞서는 연습에 있어 가장 중요한 것은 무엇일까요? 바로 일부러 그 상황을 만드는 것입니다. 아주 조그만 상황이라도 좋습니다. 하지만 일부러 만들어야 연습이지, 일상생활에서 실제로 문제에 부딪히면 그건 실전입니다. 실전부터 하려면 어렵습니다. 닥치는 것이 아니라 불안을 이기기 위해, 오로지 연습하기 위해서 만든 상황이어야 한다는 점이 중요합니다. 그게 무슨 의미인지 어렵다면 다음을 참고해봅시다.

지하철을 못 타는 사람이 있다고 합시다. "지하철을 못 탄다."라는 하나의 현상에도 다양한 이유가 있습니다. 지하도로 내려가는 순간부터 두려움이 시작되는 사람도 있습니다. 지하에 갇혀서 달리는 느낌이 싫을 수도 있겠네요. 창밖의 어두운 풍경이 유독 힘든 사람도 있습니다(공황장애 또는 폐소공포증). 버스와 달리 마주보는 좌석 때문에 시선 처리하는 것이 힘들 수 있습니다(사회불안장애). 2003년에 발생했던 대구지하철화재참사와 같은 사건 또는 본인이 엘리베이터에 갇혔던 때, 늦은 밤 지하철에서 술 취한 사람에게 폭언을 당한 기억으로 두려운 경우도 있습니다(적응장애, 외상후스트레스장애). 만원 지하철에서 사람들과 닿으면 오염된 느낌 때문에 불쾌하거나, 최근에는 이성의 몸에 우연히 손이 닿아 성추행 가해자로 오해받을 두려움이 큰 사람도 있습니다(강박스펙트럼장애). 코로나19 바이러스 이후 지하철에서 감염될까 봐 두려워 검사를 여러 번 받는 경우도 있습니다(건강염려증). 이렇게 한 가지 현상이 갖가지 질병에서 비롯될 수 있습니다.

행동치료의 가장 큰 단점인 동시에 매력이 바로 이것입니다. 원인을 잘 몰라도, 질환에 상관없이도 일단 해볼 수 있습니다. 어쨌든 지하철을 못 타는 사람이 지하철 타는 연습을 하기 위해 반드시 원인을 세분화하지 못했더라도 해볼 수 있기 때문입니다. 인지를 교정하는 과정은 사람마다 방법이 너무 달라 책에서 이렇게 언급하기 어렵지만, 불안한 상황을 일부러 만드는 것은 훨씬 단순합니다.

연습만을 위한 연습이어야 합니다. 차가 밀릴 게 분명한 금요일 오후에 홍대에서 친구랑 약속이 있다고 생각해봅시다. 약속이 있는 김에 지하철 타는 연습도 해야겠다는 마음이라면 성공하기 어렵습니다. 어쩌다 보니 나갈 채비를 늦게 했고 시간 절약을 위해 어쩔 수 없이 버스나 자가용 대신 평소에 못 타던 지하철을 타는 것은 스스로 하는 행동치료가 아닙니다. 이떤 시간이든 어떤 구간이든 좋습니다. 하지만 따로 시간을 내어, 특별한 목적이나 만날 사람이 없는 상황에서, 일부러 만든 상황부터 해보는 것이 좋습니다. 잃는 것이 없는 상황부터 시작해야 합니다. 정말 일없이 일부러 지하철을 타고 아무 곳이나 가는 것이 더 좋겠지요?

실패해도 일상이나 진로에 지장이 생겨서는 안 됩니다. 몇 년간 간절히 입사하고 싶던 회사의 면접이라면, 더 쉬운 기회를 통해 일부러 연습을 해봐야 실전에서 떨지 않고 잘 할 수 있습니다.

불안을 유발하는, 두려운 상황을 만들되 쉬운 상황부터 연습해봅니다. 사람은 원래 같은 상황이라도 자기가 주도해서 만들면 훨씬 더 편안함을 느끼기 때문입니다. 엄마들이 아기를 낳는 고통을 감수하는 것은 자처한 고통이며 결실이 있기 때문입니다. 어떤 상황이든 내가 먼저 그 상황을 만들면 견디기 쉬워집니다.

질질 끌던 연애를 끝내는 상황을 떠올려봅시다. 술 마시러 가면 연락도 안 되고, 빌려간 돈을 갚지 않고, 다른 여자도 가끔 만나는 남자입니다. 친구들은 "너 아직도 만나고 있어?"라고 합니다. 더 이상 단점을 인내할 만큼 그 사람을 사랑하지 않습니다. 이제 당연히 헤어져야 할 사람입니다. 헤어지자는 말을 준비하고 그에게 전화를 걸었습니다.

"나 오늘 할 말이 있어."

어려운 말을 하려니 심장이 두근두근합니다.

"아, 안 그래도 나도 전화하려고 했어. 우리 그만 만나는 게 좋겠어."

이별을 수십 번 고민하고 준비했는데 먼저 헤어지자는 말을 들었습니다. 어떤가요? 안 그래도 헤어지려고 했는데 마침 잘

되었다 싶나요? 내가 할 말을 대신 해줘서 기쁠까요? 안타깝게도 사람은 그렇지 않습니다. 내가 바라던 상황이라도, 다른 사람 때문에 '닥치게' 되면 기쁘지 않습니다. 결과적으로 잘되었다고 생각하고 싶지만 어딘가 개운하지 않습니다. 반면, 바라지 않던 상황이어도 내가 겪기로 결심하면 훨씬 편하게 겪어낼 수 있습니다.

김영하 작가의 《여행의 이유》에서 보듯 인간은 스스로에게 고통을 부과하고 그것을 잘 이겨내는 자신에게 만족하는 존재입니다. 고통스러운 상황을 자처한다는 것은 어쩌면 착각일 수도 있습니다. 아무리 자발적이라고 말해도 순수하게 내 의지로 한 것은 거의 없습니다. 다만 우리 삶에는 인생이 마음대로 된다고 착각할 때가 있고, 내 의지가 중요하지 않음을 받아들이는 때가 있습니다. 내 의지대로 상황이 돌아가면, 그렇게 믿을 수 있다면, 불안을 더 잘 이겨낼 수 있습니다. 그 착각 속에서 좀 편하게 시작해보는 것입니다. 일부러 불안한 상황을 만들어보는 것이 그래서 필요합니다.

일부러 대면할 때, 쉬운 상황부터 해보는 것이 중요합니다. 물론 쉬운 상황이라는 것은 사람마다 다릅니다. 비행기가 지하철보다 더 쉬운 사람도 있습니다. 그러나 비행기를 타는 것과 같은 상황에서는 대부분 그 시간이 길수록 어렵습니다. 미국 동부까지 열네 시간 동안 가는 것은 누구나 어렵습니다. 저도 워싱턴DC에서 열리는 학회에 갈 때 좀이 쑤시고, 덥고, 가만있기 힘들고, 답답한 순간이 있었습니다. 그런데 만약 공황발작을 겪어본 사람이라면, 지겨움이 아니라 공황이 시작되는 신호로 오해할 수도 있습니다. 게다가 긴 시간 비행기에 앉아 있으면 갖가지 감정을 느끼게 됩니다. 아기 우는 소리에 짜증이 나거나 병이 옮을까 염려할 수 있고, 술에 취한 승객을 보며 미운 회사 동료의 얼굴이 떠오를 수 있습니다. 긴 비행에서는 다른 부정적인 감정까지 공황으로 착각할 수 있으므로 제주도부터 무사히 갔다 오는 것이 먼저입니다.

세 번째는 내가 어떤 상황을 어려워하는지 깨달아야 한다는 점입니다. 나를 어렵게 만드는 요소가 무엇인지 한번 떠올려봐야 합니다. 지하철을 못 타는 사람들도 여러 가지 어려움을 갖고 있다고 했지요? 절대로 단순하게 다 똑같은 공포를 갖고 있는 것이 아닙니다. 저는 서울 3호선 구파발역 근처에서 진료합니다. 구파발역을 중심으로 지하철 타기 연습을 계획할 때를 보면 다음과 같은 세 가지 부류의 환자들이 있습니다.

- A: 서울 시내 쪽으로 들어가는 연신내-불광-녹번-홍제 구간이 어렵다. 전 구간이 지하라서 개방감이 없다. 지상으로 가는 구간은 문제가 없다.
- B: 3호선은 괜찮은데 6호선으로 환승하고 나서 증산 쪽으로 내려가는 구간이 어렵다. 연신내에서 환승하다 보면 6호선이 더 '깊은' 지하라는 것을 깨닫고 공포가 오기 때문이다.
- C: 구파발에서 대화 방면으로 지축-삼송-원흥-원당-화정-대곡 구산이 어렵다. 지상이든 지하든 상관없고, 역 사이 시간이 길어서 힘들 때 바로 내릴 수 없으니까 힘들다.

같은 공황장애여도 불안한 상황은 사람마다 조금씩 다릅니다. C의 경우 일단 서울 방면으로 가는 더 쉬운 것부터 해보고 완벽하게 되었을 경우 더 어려운 상황을 일부러 겪어야 합니다. A, B, C의 경우로 나누어 놨어도 쉽고 어려운 기준은 각자 다를 수 있습니다.

책이나 인터넷은 일반적인 정보 제공에서는 훨씬 유리합니다. 진료시간 10분 동안 책에 나오는 이야기의 5퍼센트도 나누기 어렵습니다. 책에는 훨씬 많은 이야기가 담겨 있고, 또 언제든 다시 꺼내볼 수 있지요. 그러나 책은 각자의 개별적인 부분을 짚어주기는 어렵습니다. 즉 나에게 한 이야기가 아닌데 엉뚱한 사람이 반성할 수도 있습니다. 누구나 다른 사람의 문제는 쉽게 볼 수 있지만, 자신의 어려움을 보기는 어렵습니다. 내가 부족해서 그런 것이 아닙니다. 정신건강의학과 치료나 상담에서는 사람마다 다른 불안의 세부적인 부분에 대해 이야기하고 개선할 수 있다는 점에서 다른 종류의 도움을 받을 수 있습니다. 그렇다고 누구나 치료를 받아야 한다는 의미는 아닙니다. 책을 보고 이해가 된다 싶으면 불안을 유발하는 상황을 일부러 찾아서 시도해봐도 좋습니다. 중요한 것은 일부러 하는 것, 나에게 쉬운 것부터 시작하는 것입니다.

우리는 과거 내 삶에서 불안하고 긴장해서 힘들었던 상황을 잘 기억하고 있습니다. 그런 순간보다는 훨씬 쉬운 지점에서 시작하는 것이 좋습니다. 일부러 불안해지는 과정을 반복하다 보면 지하철에 탔는데 증상이 생기지 않거나 사람들 앞에서 이야기를 잘 이어가는 순간이 어느 새 찾아옵니다. 이 책을 읽으면서 고개를 끄덕이는 순간에 불안이 해소되는 것이 아닙니다. 일부러 대면해보고 불안이라는 것을 유발할 수도 잠재울 수도 있다는 걸 몸으로 직접 경험해야 더 나아질 수 있습니다. 지금 어려웠던 상황이 어느새 쉬운 상황이 되고, 더 어려운 상황에 도전해보는 때가 옵니다.

생각 퇴고하기

글을 퇴고하는 방법에 여러 가지가 있지만 좋은 방법 중 하나는 소리 내서 읽는 것입니다. 유시민 작가가 이런 방법을 추천하길래 시도해보았더니, 쉬운 일은 아니었습니다. 그래도 소리 내서 읽는 과정을 거치면 문장이 나아지긴 했습니다. 반복해서 사용하는 단어나, 습관적으로 사용하는 쓸모없는 접속사 및 부사에 대해서 깨달으니 글이 깔끔해집니다. 글을 쓸 때의 나쁜 버릇을 그나마 덜어내게 됩니다.

누구나 불안하지만, 이유는 각기 다릅니다. 저마다 불안을 자주 불러일으키는 빈번한 생각이 있습니다. 즉 A와 B와 C의 불안한 이유는 각자 다르지만, A라는 사람이 불안할 때는 늘 비슷한 이유로 불안해집니다. 부모님과의 관계에서 불안하든, 직장생활 때문이든 불안이 심해지는 패턴이 반복됩니다. 마치 제가 독후감을 쓰든, 소설을 쓰든, 책을 쓰든 나쁜 버릇이 늘 똑같듯이 말입니다.

글에 묻어난 나쁜 버릇을 고치는 것처럼, 생각할 때의 나쁜 버릇도 퇴고해보면 어떨까요? 잘못된 자동사고가 자주 반복되면서 느낌을 부풀리는 과정을 막을 수 있습니다. 글은 남에게 보여주기 위해 쓰는 반면, 생각은 남에게 보여주기 위한 것이 아닙니다. 내 머릿속에서 일어나는 일입니다. 퇴고가 어렵지만 꼭 필요합니다. 잘 못 쓴 글보다도 나를 더 자주 괴롭히기 때문입니다. 내 머릿속을 스쳐 지나가는 부정적인 생각이 맞는 것인지 증명하려면, 어떤 생각을 떠올린 순간부터 그게 굳어져 저장되는 순간까지 그 사이에 내 생각이 맞는 것인지 점검할 기회가 있습니다. 지점토가 굳기 전에는 꽤 손을 볼 수 있는 것처럼 말이지요. 물론 그 전에 굳어버린 지점토들이 뇌 안에 붙어 있다 하더라도 말입니다. 다행히 우리 뇌 속에는 아직 빈 공간이 많이 남아 있습니다. 지금 스쳐 지나가는 생각을 붙잡아 봅시다.

부정적인 생각을 붙잡아 소리 내서 그 생각을 말해봅시다. 생각의 큰 틀을 정리하는 데 도움이 됩니다. 생각을 퇴고하려면 일단 생각을 문장으로 정리하는 것 정도는 할 수 있어야 합니다. 그냥 불안하다고 하는 분들이 많은데 순간적으로 스쳐 지나가는 생각을 잘 모르기 때문에 이유가 없다고 느낄 수 있습니다. 그러나 부끄러움, 무시당했다는 속상함, 억울함, 죄책감 등을 불러오는 생각이 분명히 있습니다. 그 생각을 짚어내려면 불안해지는 순간에 드는 느낌과 생각을 구별하는 것이 중요합니다.

부정적인 생각과 대면하기

《감정은 어떻게 만들어지는가?》와 같이 감정에 이름 붙이는 것을 반대하는 책도 있습니다. 느낌을 이해하는 데 도움이 된다기보다는 사람 사이의 의사소통을 위한 도구일 뿐이라는데, 물론 그럴 수도 있습니다. 대처가 비슷할 텐데 감정에 슬픔, 짜증, 노여움이라는 이름을 붙인다거나 불안을 공포, 두려움, 긴장과 같이 지나치게 구분하는 것. 감정을 지나치게 구분하는 것이 필요 없을 수도 있습니다. 어떤 사람에게는 도움이 되고 어떤 사람에게는 도움이 되지 않습니다. 정신과 의사끼리도 의견이 다릅니다. 그런데 감정에 이름을 붙여본들, 흘러가는 기분을 내버려둔들 큰 부작용이 생기는 것도 아니니 둘 다 해봐도 됩니다. 해보고 나에게 더욱 도움이 되는 쪽을 택하면 좋습니다.

감정을 느끼기 직전 머릿속을 스치는 부정적 자동사고와는 꼭 대면해야 합니다. 생각을 모른다고 안 할 수 있는 것은 아닙니다. 생각 속에 포함된 예측으로 불안해지기 때문입니다. 사람들이 흔하게 하는 자동사고에는 아래와 같은 것들이 있습니다.

1. 나는 쓸모 없는 사람이다.

2. 내가 바보같이 보일 것이다.

3. 나는 능력이 없다.

4. 아무도 나를 이해해주지 않는다.

5. 나는 너무 나약하다.

6. 사람들이 나를 우습게 본다.

7. 어차피 나를 싫어한다.

8. 열심히 해봤자 되는 일이 없다.

9. 내 인생은 실패다.

10. 내 자신이 너무 싫다

11. 나에겐 틀림없이 무언가 잘못되어 있다.

12. 미래에 대한 희망이 없다.

13. 나는 어떤 일도 잘해낼 수 없다.

14. 사람들이 결국 나를 떠날 것이다.

15. 다른 사람들은 나를 속인다. 믿을 수 없다.

16. 최악의 상황이 기다리고 있다.

17. 지금보다 모든 게 잘못될 것이다.

18. 나는 운이 없다.

이 밖에도 많은 종류가 있지만 특히 내가 자주 하는 생각이 있을 것입니다. 반복되는 생각을 바로 바꾸기는 힘듭니다. 소리 내어 읽으면서 퇴고해보는 것은 어떨까요. 읽어보면 문제점이 새롭게 보일 수 있습니다.

소리 내는 것이 어렵다면 써보는 것도 좋습니다. 저는 '나에게 카톡 보내기'를 가끔 합니다. 차마 남에게 할 수 없는 이야기라면 내 자신에게 먼저 해봅니다. 예를 들면 이렇게 말입니다.

"늘 쓰던 상품이 특가로 나와서 사려는데. 사는 데 ISP 결제가 오류 나서 자꾸 뒤로 갔다 앞으로 갔다 반복했다. 그렇게 하다 보니 시간이 지났고 품절. 진료 끝나고 5분의 1이 남은 책을 읽고 오려다가 막상 진료가 끝나니 까먹고 그냥 집에 옴. 책도 두고 옴. 집에서 카톡 계속 와서 자꾸 답해야 하는 것들 끊지 못함. 애들은 그 사이 유튜브만 보고. 숙제도 챙기지 못했다. 무능력하고 바보 같은 엄마인 것 같아 열받는다."

그렇게 쓰다 보면 확실히 맞다고 여겼던 생각에서 문제점을 발견합니다. 머릿속으로만 생각하는 것보다는 마치 남에게 보내는 듯 카톡으로 쓰면 한 번 더 단어를 거르게 됩니다. 좀 아닌 것 같다는 생각이 듭니다. 소리 내서 한 번 더 읽어보면 무능력이나 바보와 같은 단어에 거부감이 생깁니다. 머릿속으로 생각만 할 때는 거부감이 없던 단어였습니다. 다른 사람에게 말한다고 생각하며 소리 내서 다시 읽으면 더 부드럽게 바꿀 수 있습니다.

말도 안 되는 생각도 머릿속에서는 마치 말이 되는 이야기처럼 곧잘 흘러갑니다. 부정적인 생각은 깊어집니다. 이럴 때는 씨보거나 소리 내서 말해봅니다. 가장 고치고 싶은 부분을 쉽게 발견할 수 있습니다.

술은 **불안을 줄여준다**

술을 거의 매일같이 마신다고 전부 알코올중독은 아닙니다. 의외로 많은 사람들이 불안해서 술을 마십니다. 술을 마시면 일단 긴장이 풀리니까요. 평소에는 눈 마주치기도 어렵고 말도 잘 못하는데 술이 들어가면 쉽게 자기 이야기를 하는 사람이 많습니다. 걱정이 끊이지 않아 잠들기가 어려워 술 한잔 마셔야 잠드는 경우도 마찬가지입니다. 잠이 안 온다고 정신과에 가서 치료받기 전에 일단 술로 불안을 달래는 경우가 더 많습니다. 약보다 술이 낫다고 생각하는지 영영 치료받지 않고 술로 해결하는 사람도 많습니다.

술이 불안을 줄일까요? 네, 그렇습니다. 일단은요. '일단'은 그렇다는 겁니다. 술 마시면 스트레스가 풀린다는 것은 거짓말이 아닙니다. 술이 항불안제의 역할을 하는 건 사실인데, 정교하지 못해 문제입니다. 과녁을 정확히 조준하는 권총이 아니라 난사하는 기관총입니다. 마약 중에 뇌의 중추신경을 깨우고 활동하게 만드는 중추신경 자극제들이 있는데요. 술은 그런 마약과 달리 중추신경 억제제입니다. 즉 흥분된 감정이나 불안을 억제합니다.

그럼 술 마시고 평소보다 더 활발해지고 과감한 행동, 나아가 무모해지는 사람들은 어떻게 된 걸까요? 술이 불안뿐 아니라 통제하는 능력까지 억제해서 그렇습니다. 사실 불안이야말로 우리가 막 나가는 것을 붙잡아주지 않습니까? 남의 눈에 위축되거나, 겁이 많던 그런 사람도 불안이 눌리니까 평소와 달라집니다. 불안이 사라진 그 모습이 좋을 수도 있지만, 오늘만 날이 아니고 내일이 오니 문제입니다. 술에 취해 해서는 안 될 말을 뱉고, 돈을 마구 써버리거나, 옛 연인에게 음주카톡을 남겨본 사람이라면 알 겁니다. 어느 정도의 불안은 우리에게 필요하다는 것을요. 술은 인간의 가장 인간다운 영역인 전두엽을 마비시킵니다.

다니엘 S. 밀로의 《미래중독자》에도 나오듯 미래를 생각하는 동물은 인간밖에 없습니다. 미래를 상상하며 불안해하는 것. 그래서 대비하는 것. 인간의 고유한 특성입니다. 앞으로 안볼 사람이면 취해서 막말 좀 해도 어떻습니까. 운전을 못해도 괜찮다면 음주운전으로 면허가 취소되는 게 뭐 어떻습니까. 기억 못하는 순간이 있어도 좀 어떻습니까. 술에 취한 사람들의 모습을 보면 불안이 사라진 인류가 어떨지 대충 예상해볼 수 있습니다. 지금 우리 인간에게 어느 정도의 불안이 필요한 것은 틀림없습니다.

술은 오래된 친구처럼 만나라

신기하게도 알코올과 항불안제는 교차내성이 있습니다. 술을 많이 마시던 사람은 항불안제도 많은 용량을 사용해야 합니다. 불안과 술의 관계는 깊습니다. 갑자기 술을 끊은 사람들의 금단증상을 조절하기 위해 초반에 항불안제를 많이 사용하다가 일주일 이내에 줄여나갑니다.

술 마시는 중에 공황이 오는 경우는 거의 없습니다. 대부분 술을 깰 무렵에 공황이 심하게 찾아옵니다. 일부는 해장술을 살짝 마시기도 하죠. 다음 날 저녁 쯤에는 어떨까요? 우리 몸의 생체시계 특성상(호르몬) 저녁 6~8시 정도에 심한 불안이 심해지는 경우가 많습니다. 우울은 아침이 심한 경우가 많고, 불안은 저녁에 심해지기 쉽습니다. 어둑어둑해지고 술 마신 다음 날이니 불안해서 술 한잔 딱 생각나겠죠? 그래서 또 술을 찾고 다음 날 또 반복되는 겁니다.

정신과 의사 입장에서는 솔직히 술을 안 마시던 사람보다 원래 술을 마시던 사람이 편합니다. 일단 술만 끊어도 좋아질 수 있는 부분이 많기 때문입니다. 약물치료를 권하는 것도 훨씬 쉽습니다. 어쨌든 약이든 술이든 간과 신장에 부담을 줍니다. 생전 술을 마시지 않는 사람 입장에서는 약이 몸속에 새롭게 들어가는 것이므로 반드시 약을 통해 얻는 것이 잃는 것보다 많아야 합니다. 하지만 술을 드시던 분은, 차라리 약을 드시면 확실히 얻는 게 많습니다. 술 마시면서 잠을 자느니 약을 복용하는 것이 몸과 마음에 낫다고 확신할 수 있습니다.

게다가 원래 술 드시던 분이 술을 끊으면 공황이 많이 좋아집니다. 특히 치료가 끝나지 않은 상태에서 갑자기 약을 못 먹고 술까지 마시면 다음 날 공황이 옵니다. 약물치료를 계속하면서도 술을 마시는 경우도 있습니다. 영업을 하는 데 꼭 술을 마셔야 한다, 이 일 아니면 할 수 없다, 처자식이 딸린 가장이다…… 생계가 달렸다는데 무조건 술을 끊으라고 할 수는 없죠. 문제는 그렇게 술을 마시던 습관 때문에 주말에 일을 안 할 때도 반주를 하는데, 일단 그거라도 하지 말자고 권합니다. 술 없이도 불안하지 않을 수 있다는 경험을 몸에 만들어주는 것이 중요합니다. 술은 연인이 되어서는 안 됩니다. 오래된 친구처럼 되는 것은 괜찮습니다. 원래 오래된 친구는 1년쯤 안 만나도 괜찮고, 가끔 함께하면 즐겁지만, 없어서 못 사는 건 아니지 않습니까. 좋더라도 일단 떨어져 지내보는 시간이 필요합니다. 술은 간에 안 좋지만 뇌에도 안 좋습니다. 담배도 마찬가지로 폐에만 안 좋은 것이 아니라 뇌에도 안 좋습니다. 술처럼 구하기 쉬운 것으로 불안을 잊는 것은 당장은 쉽습니다. 오늘은 좋고 내일 다시 구멍이 나는 방법이 아닐까 싶습니다.

거절을 조금이나마 잘하는 법

거절당하는 것과 내가 거절하는 깃 중 무엇이 더 싫으신가요? 거절당하는 것은 화가 나고 서럽지만, 거절하는 상황은 불안하고 곤란합니다. 그 이유에는 여러 가지가 있습니다. 거절했다가 상대방이 앙심을 품을까 봐 두려운 경우도 있고, 거절당하는 고통을 안겨주는 것이 괴로워서 그렇다는 사람도 있습니다. 사실 거절당하는 것이 얼마나 고통스러운지 아니까 거절하기 힘듭니다.

우리의 시간과 돈과 마음은 한정적이므로 내가 원하는 일을 하고 가까이 있는 사람들을 돌보려면 반드시 거절을 해야 합니다. 내가 거절을 잘 못하는 사람이 확실하다면, 일단 시간을 끌어보는 게 도움 됩니다. 말도 안 되는 부탁을 받더라도 초조해하지 마세요. 지금 거절하기로 결심했다 하더라도 "고민 좀 해볼게요."라고 하고 상대방에게 시간을 달라고 하는 것이 좋습니다. 단, 상대방에게 정확한 말미를 달라고 하는 게 거절하는 사람 입장에서도 마음이 편하실 겁니다. "시간 좀 주세요."가 아니고 "한 시간만 있다가 답을 드릴게요." 또는 "하룻밤만 시간을 주세요."처럼 시간을 정하는 것이 좋습니다. 그리고 당신이 먼저 전화를 하거나 연락을 하기로 합니다. 왜냐고요? 담판을 짓기 위한 연락을 내가 기다리게 되면 더 초조해집니다. 그렇게 긴장한 상태에서는 거절이 어렵습니다. 물론 극도로 거절이 어려운 사람이라면, 제가 하라는 대로 해도 그 한 시간이 처음에는 무지 어려울 수 있습니다.

만약 한 시간만 있다가 답변을 준다고 했으면 상대방에게 50분쯤 있다가 전화하세요. 두 시간 달라고 했으면 한 시간 30분쯤 있다가 전화하세요. 고민하는 성의를 표현하되 약속한 시간보다 상대방을 더 기다리게 하면 안 됩니다. 어쩔 수 없는 좌절은 겪더라도 그 사람이 나 때문에 쓸데없는 고통을 받을 필요는 없지 않을까요. 단, 약속한 시간 동안 실제로 고민을 하든 말든 그건 마음대로 하세요. 오래 고민한다고 좋은 선택을 하는 것은 아닙니다. 거절하는 쪽이 전화해야 합니다. 앞에서 이야기한 불안한 상황을 일부러 만들기와 일맥상통합니다. 상대방을 절대 기다리게 하지 말아야 합니다. 그 정도 성의를 보이지 않으면 상대방에게 미안한 입장이 되고, 미안한 입장이 되면 끌려가게 됩니다. 제안을 거부하는 것 이외의 미안할 이유는 철저히 제거하는 것이 좋습니다. 그러고 나서 "고민해봤는데…" 또는 "아까 말씀하신 것을 생각해봤는데…"라고 하면서 말을 시작하면 거절이 좀 쉬울 겁니다. 이유를 다 설명한 뒤 거절하지는 말고 아주 간단하게 줄여서 말하는 것이 덜 불안해질 확률이 높습니다.

"진짜 많이 고민해봤는데 내가 다른 사람을 좋아하고 있어서 너랑 사귀지 못할 것 같아."

이렇게 한 문장으로 연습해서 말하는 게 낫습니다. 여러 가지 이유를 먼저 말하고 결론을 나중에 미괄식으로 하면 거절하기가 더 어렵습니다. 상대방이 이유를 궁금해할 수도 있고 아닐 수도 있으니까요. 상대가 거절의 이유를 궁금해할 것이라고 단정 지을 수는 없습니다. 예의를 차린다고 거짓말을 할 필요도 없습니다. 예를 들어 사람들이 거절할 때 내가 부족한 사람이라서 너와 어울리지 않는다고도 합니다. 이 말이 참 이상합니다. 정말 상대방이 마음에 드는데 그 사람보다 내가 부족하다고 사귀지 않는 경우도 있을까요? 그저 상황을 모면하려는 말은 상대에게 닿지 않습니다.

정확한 거절로 불안 멈추기

거절하지 않으면 원하지 않는 일을 맡게 되고 쓸데없는 일에 시간을 쏟게 됩니다. 추운 겨울에 헬스장 전단지 정도야 거절 못 해도 괜찮습니다. 인생에 큰 손해가 없습니다. 그러나 전단지는 칼같이 거절하면서 퇴사하고 싶은 곳에서 붙잡는다고 거절 못 하면 무슨 소용입니까. 좋아하지 않는 사람에게 에너지를 쓸 필요는 없습니다. 재능기부도 내가 원해서 하는 것이지 강제로 기부하면 안 됩니다. 돈을 아예 안 받아야 재능기부일까요? 내 능력에 비해서 현저히 적은 돈을 받고 일을 하는 것도 재능기부입니다. 선의로라도 당신을 이용하려는 사람들이 많기 때문에 적절한 거절만이 삶의 효율을 가져다줍니다.

사실 시간을 지연해서 거절하는 이 방법은 오래전 결혼식 촬영을 해주시는 분에게 배웠습니다. 그분이 결혼 준비 때문에 이것저것 결정하기 힘들지 않냐고 하더군요. 그러면서 양가 부모님이 마음에 안 드는 제안을 하면 바로 그 자리에서 싫다고 하지 말고, 30분만 기다렸다가 다시 전화해서 거부 의사를 표현하라고 했습니다. 그분의 충고가 굉장히 도움이 되었습니다. 그 후로는 환자들에게도 이 방법을 추천해봤고 저도 이런 방법을 써봤는데 상대방의 기분을 덜 상하게 하면서도 거절을 전보다는 잘할 수 있었습니다.

물론, 저도 아직 멀었습니다. 더 열심히 노력해야 합니다. 거절을 안 하고 마지못해 하기 싫은 일을 할 필요도 없습니다. 타인의 마음을 상하게 하려고 거절하는 것이 아닙니다. 지금 거절하지 않으면 언젠가 상대방의 마음을 더 상하게 할 수 있습니다. 그리고 나는 그동안 계속 불안합니다. 불안할 상황을 만들지 않는 것도 필요합니다.

명상이 어려울 때는 유리컵 명상

명상은 불안과 걱정을 다루기 위한 훌륭한 방법입니다. 현재와 내 자신을 판단하지 않는 마음챙김과도 맞닿아 있습니다. 명상 또는 마음챙김이라는 단어를 들으면 고요한 풍경 속에서 눈을 감고 꼿꼿이 앉아 복식호흡 하는 모습을 떠올리게 됩니다. 명상이 꼭 우리가 생각하는 바로 그런 모습일 필요는 없습니다. 과거나 미래, 주변에 대한 자극을 줄여 온전히 현재에 집중하는 것입니다. 반드시 생각을 없애야 하는 것도 아닙니다.

무념무상은 판단하지 않고 현재에 집중하는 이상적인 상태를 표현한 것일 뿐, 완전히 그 상태가 되기는 어렵습니다. 아무 생각이 들지 않는다는 것조차 하나의 생각이니까요. 꼭 눈을 감을 필요는 없지만 TV를 보며 명상하기는 당연히 어려울 것입니다. 그러나 명상을 위한 동영상이라면 보면서 연습하는 것도 괜찮습니다. 음악을 틀어도 되고 틀지 않아도 됩니다. 심지어 차가 다니는 소리나 생활소음이 어느 정도 들려야 명상이 더 잘된다는 사람도 있습니다. 장소에 너무 신경쓸 필요는 없습니다. 깊은 산속 폭포수 옆에서만 명상이 가능하다면 도시에 사는 사람들은 자주 하기 어렵습니다. 아무리 좋아도 접근성이 그렇게 떨어진다면 훌륭한 방법이라고 보기 어렵습니다. 차라리 물소리나 빗소리, 새소리 같은 파일을 틀어놓는 것으로 타협이 가능하다면 더 좋습니다.

편안한 환경의 기준은 다들 다릅니다. 꼭 앉아야만 잘되는 것도 아닙니다. 서서도 걸으면서도 할 수 있는 것이 명상입니다. 다만 다리를 꼬거나 삐딱하게 서는 것처럼 비대칭적인 자세는 명상을 방해할 수 있습니다. 허리와 어깨를 펴고 양쪽에 똑같이 체중을 싣는 것이 좋다고 합니다. 한쪽으로 기울지 않도록 말입니다. 이 정도만 지키고 형편에 맞는 환경에서 해야 합니다.

인간은 과거, 현재, 미래의 경험에 대해 끊임없이 인지하고 해석합니다. 명상은 과거의 트라우마와 미래에 대한 두려움에서 벗어나려고 현재에 집중하는 것입니다. 생각을 아예 없애는 것으로 오해하지 말았으면 좋겠습니다.

분노조절이나 불안에 대한 책에 명상 방법이 많이 나오는데, 각종 책의 명상 방법을 해봐도 평소 생각이 많은 저는 잘되지 않습니다. 특히 모든 것을 내려놓는다는 말에 도달하기 쉽지 않았습니다. 환자분들이 "다 내려놓으니 마음이 편해졌어요."라고 하면 저는 그 비결이 궁금할 정도니까요. 내려놓기라고 해서 과거의 특정 사건을 생각하지 않는다는 이야기는 아닙니다. 욕심을 버리는 정도보다는 조금 더 나아가는 수준입니다. 생각이 떠오르더라도 거기에 대해 분노하거나 자책하지 않는 것, 그럴 수도 있었다, 어쩔 수 없었다고 받아들이는 것이 아닐까요? 내려놓기를 할 수 있는 분이라면 그렇게 하는 것이 당연히 좋습니다. 평소 걱정 많은 사람들에게는 어려운 일이니 금세 되지 않더라도 실망하지 말라는 의미입니다.

저는 내려놓는다는 말보다는 '그대로 둔다'는 말이 좀 더 와닿았습니다. 잡념이 떠올라도 그 생각이 없어지지는 않습니다.

흘러가는 대로 두는 것입니다. 그냥 '그렇구나' 하는 것이죠. 무념무상을 달성하자고 억지로 없애는 것은 명상의 정신에 맞지 않다고 봅니다. 생각을 그냥 바라보는 것입니다.

불안에 대한 책을 보면 '건포도 명상'이 종종 등장합니다. 건포도 두 알을 양손에 올려놓고 바라봅니다. 건포도를 마치 처음 본 것처럼 관찰하며 모양과 질감에 집중합니다. 건포도를 만져보고 느끼다가 냄새를 느끼고 입안에 넣어봅니다. 입안에서 건포도를 느껴보고 침이 나오는 과정, 건포도가 목을 거쳐서 뱃속까지 가는 과정에 집중해봅니다. 그 순간에 떠오르는 생각이 있습니다. 건포도라는 물건에 집중하는 것은 그냥 눈 감고 생각을 내려놓는 것보다는 훨씬 쉽습니다. 꼭 건포도로 해야 하는 것은 아닙니다. 다른 음식에 집중해도 좋습니다. 저는 당근, 파프리카, 사과, 호두로 해봤는데 당근 조각이 가장 좋았습니다. 스틱 샐러드처럼 잘라도 되고 둥근 단면으로 잘라놔도 좋습니다. 생각을 없애는 것이 아니라 현재의 상황과 관련되는 생각은 그대로 둡니다. 딱딱한 당근을 씹을 때 들리는 소리는 마치 ASMR 같기도 했고 단맛과 쓴맛이 동시에 느껴져서 마음이 편해졌습니다. 아무런 자극이 없는 것보다는 조금 적극적으로 감각을 만들고 느끼는 것이 온전히 현재에 집중하는 데 더 도움이 되었습니다. 어쨌든 중요한 것은 과거나 미래에 대해 판단하는 뇌를 쓰지 않는 순간이 아닐까 합니다. 특히 단순한 음식은 시각, 촉각, 후각, 청각, 미각에 더불어 내장 감각까지 느낄 수 있기 때문에 유용합니다. 어떤 음식이 좋을지는 사람마다 다르겠지만 초콜릿처럼 혈당이 급속도로 변하는 음식 또는 풋고추처럼 매워서 통각을 자극하는 음식 빼고는 만질 수 있는 음식이면 좋지 않을까 싶습니다.

일상적 물건을 바라보세요

불안이 심한 분들에게는 조금은 무서울 수도 있는 일상적 물건을 바라보는 명상을 권합니다. 오히려 약간 불안을 유발할 수 있는 방법입니다. 공황발작이 올 정도로 심한 분보다는, 조금은 안정된 분들이 할 수 있는 방법으로 유리컵 명상이 있습니다. 주로 유리컵으로 합니다만 스테인리스로 된 텀블러, 캔 등으로 해도 됩니다. 치료를 할 때 어떤 것을 택할지 각자의 현실에 맞게 골라 드리기도 합니다. 칼로 위협을 당해서 힘든 적이 있는 사람에게 진짜 식칼을 바라보라고 하면 안 됩니다. 자기 트라우마와 무관하지만 뭔가 무서울 수도 있는 가능성이 있는 물건이 좋습니다.

유리컵 명상을 할 때는 다른 명상과 마찬가지로 한쪽으로 기울지 않은 자세가 중요합니다. 좌우를 완전히 똑같이 하려고 너무 애쓸 필요 없습니다. 호흡은 복식호흡을 하라고 하는데 사실 사람은 배로 숨을 쉴 수가 없습니다. 해부학적으로 불가능하며 원래 사람은 가슴으로 숨을 쉽니다. 배로 숨을 쉬라는 것은 배의 힘까지 이용해 심호흡을 하라는 뜻입니다. 실제로 그렇게 하면 호흡의 중심을 낮추는 데 효과가 있습니다. 복식호흡도 어렵다면, 괜찮습니다. 딱 한 가지 깊게 내쉬는 것만 기억합니다. 깊게 들이마시는 것보다 최대한 많이 내쉬는 것이 중요합니다. '최대한 많이'라는 말이 와닿지 않는다면 갈비뼈가 드러날 정도로 가슴 속의 공기를 다 짜낸다는 느낌으로 하면 그것이 바로 '최대한'이 됩니다. 코로 들이마시고 입으로 내쉬는 것도 결국 더 많이 내쉬기 위해서입니다. 필요한 양보다 공기를 많이 마시는 과호흡 상태가 되면 더 긴장됩니다. 많이 내쉰다고 정말로 공기가 모자라서 어떻게 되지 않습니다.

이건 처음부터 못해도 괜찮습니다. 어깨를 내리고 목을 빼는 것도 도움이 됩니다. 긴장하면 어깨가 움츠러들잖아요. 좌우로는 최대한 등을 펴도, 아무도 날 보지 않지만 목을 길게 보이도록 쭉 뽑는다는 마음으로 어깨를 상하로 내리는 거죠. 근데 이건 자세랑 호흡이 잘되면 그다음에 해도 됩니다. 운동하는 동영상을 보면 배를 집어넣고 등을 펴고 골반을 열고 가슴을 펴고 동작을 따라 하라는데 한꺼번에 다 하려면 어렵습니다. 그래도 함께할 수 있다면 긴장을 푸는 데 도움이 됩니다.

- 유리컵을 가만히 바라봅니다. 어떻습니까? 무섭습니까?
- 우리는 앞날을 걱정하지 지나간 날을 걱정할 필요는 없지 않습니까?
- 지금, 바로 지금 유리컵을 한번 보세요.
- 무엇을 해도 비난하고 더 잘하라고만 하는 부모님이 두렵나요?
- 학창시절 남들 앞에서는 잘해주고 둘만 있으면 폭언을 일삼던 친구가 무섭나요?
- 비 오는 날 나를 치고 갔던 오토바이가 무섭나요?
- 아니면 유리컵이 무섭나요?

지나간 기억이 아무리 끔찍해도 지금 내 앞에 있는 유리컵이 더 무섭습니다. 이제 유리컵을 만지면서 잘 생각해보세요. 차가운 질감의 유리컵은 실제로 있습니다. 그런데 깨질 수도 있습니다. 깨진 조각에 베일 수도 있습니다. 그럴 수도 있지만 아닐 수도 있습니다. 유리컵은 지나간 기억과 달리 지금 눈앞에 실제로 존재합니다. 무게가 있고, 부피가 있습니다. 공간을 차지합니다. 기억은 어떻습니까. 만약 유리컵에 뜨거운 물이라도 담겨 있는데 내가 실수하면 화상을 입을 수도 있습니다. 반면 기억은 어떻습니까.

유리컵을 들고 내 눈앞까지 들이밀었다가 다시 원래 있던 곳에 놓아보세요. 그걸 세 번 정도 반복해보세요. 나는 유리컵에 맞아서 피가 날 수 있습니다. 유리컵이 얼마나 무섭습니까?

- 정말 무섭나요?
- 당신이 고통스러워하는 그 기억은 유리컵보다도 못합니다.
- 유리컵을 만져보세요. 그 차가운 촉감이 느껴집니다.
- 유리컵을 두들겨보세요. 소리가 납니다.
- 유리컵을 들어보세요. 무게가 느껴집니다.
- 무섭지요? 무섭지 않나요?
- 유리컵은 지금 내 앞에 실존합니다. 무게와 부피와 소리가 있습니다.

지나간 기억에는 무엇이 있습니까? 나를 더 이상 괴롭힐 수 없습니다. 지나간 기억이 다시 반복될까 봐 두렵지만 사실 지나간 기억은 유리컵보다 못한 존재입니다.

지나간 기억으로 인해 불안할 수 있습니다. 하지만 적어도 유리컵보다는 못한 존재니까, 유리컵보다는 덜 무서워하는 것이 좋겠습니다. 지나간 일이 나를 다시 괴롭힐 수 있다? 무엇을 상상하든 지금 바라보는 그 유리컵 이하입니다.

2부

남들보다 조금 더

불안을 느끼는

사람들

앞에서는 불안의 일반적인 부분, 그리고 일상생활과 관계에서 느낄 수 있는 불안 위주로 고민을 해봤습니다

이제부터는 각 질환별 불안장애에 대해 이야기하고 어떻게 불안과 더불어 살 수 있는지에 대해 알아보겠습니다. 불안은 누구에게나 있지만, 그로 인해 생활에 지장이 있을 때 불안장애라고 합니다. 아무리 증상을 심하게 느껴도 실생활에 지장이 없다면 불안장애로 진단하기 어렵습니다. 발표할 때는 누구나 떨립니다. 하지만 발표할 때 떨린다고 모두 대인공포증은 아닙니다. 그것 때문에 식은땀, 두근거림 등 신체 증상이 생겨서 사회생활에 지장이 있고 발표 상황을 피하게 되어서 손해를 때 사회불안상애(대인공포증)으로 진단할 수 있습니다.

불안장애와 아닌 사람은 흑과 백같이 분명히 나뉘어 있는 것이 아닙니다. 평소에 걱정 많던 사람이 큰 병에 걸리거나 이별을 겪으면서 불안장애를 앓을 수도 있는 것입니다. 잘 살던 분도 어느 순간 불안해지면 불안장애 수준이 되었다가 또다시 예전으로 돌아가서 잘 지낼 수 있습니다. 불안한 사람과 정상적인 사람이 존재하는 것이 아니고 '더 불안한 시기'와 '덜 불안한 시기'가 존재합니다. 불안한 순서대로 도움을 받으러 오는 것이 아니라 현재의 불편을 더 심하게 느끼는 사람이 상담을 받기 때문에 불안장애를 진단받은 사람보다도 그냥 버티는 사람의 불안 수준이 더 높을 수 있습니다.

정신건강의학과가 어떻게 생긴지도 모르고, 생전 불안장애를 진단 받은 적이 없다 해도 일상 생활에서 누구나 불안을 느끼지 않습니까. 게다가 저는 정상적 불안을 탐구한다기보다는 심한 불편이 왔을 때 해결하고 도움드리는 입장입니다. 따라서 불안장애를 중심으로 한 앞으로의 내용이 더 도움이 될 수 있을 것이라고 봅니다.

대표적인 불안장애인 강박장애, 사회불안장애, 외상후스트레스장애, 공황장애, 범불안장애로 나누어서 살펴보았습니다. 정신건강의학과에서는 몇 십 년마다 진단체계를 개편하는데, 가장 최근인 2013년에 정해진 DSM-5 진단체계의 경우 강박장애와 외상후스트레스장애를 불안장애에서 별도로 분리했습니다. 그러나 둘 다 그전까지는 불안장애에 속했고, 불안으로 인해 생각의 영역까지 문제가 생기는 강박장애 및 불안장애와 가장 유사한 증상을 겪는 외상후스트레스장애 역시 함께 다루었습니다. 이런 것들은 분명히 '병명'이기는 합니다. 기간과 심각도의 차이는 있겠지만 우리 삶을 한 번쯤 스쳐 지나갔을 것입니다.

지금 불안장애를 앓든, 앓고 있지 않든 불안은 평생 우리와 함께하는 것입니다. 잘 달래서 함께 살 수 있는 방법을 조금 새로운 관점에서 생각해보는 여정이 되었으면 합니다.

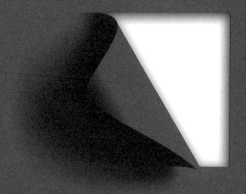

5장

강렬한 불안이
갑자기 찾아옵니다:
공황장애

공황이 온다고 모두 공황장애는 아니다

갑자기 불안이 몰려오고, 심장이 빨리 뜁니다. 숨 마힐 것 같아 이러다 죽는 게 아닐까 싶습니다. 어지럽고 쓰러질 것 같고 죽을 것 같습니다. 이유는 없습니다. 죽음의 공포를 갑자기 느끼는 것이 바로 공황입니다. 어떤 상황에서 공황이 오느냐에 따라 공황 자체는 정상일 수도 있고, 공황장애가 될 수도 있습니다. 죽음의 공포를 느낄 만한 상황에서 공황 반응은 필요합니다. 차에 치일 뻔했다거나 누군가 위협을 한다면, 우리 몸은 극도로 긴장해야 합니다. 숨이 막히고, 토할 것 같고, 두근거리는 반응이 당연합니다. 그렇게 교감신경을 통해 온몸이 각성되어야 빨리 도망가거나 맞서 싸우는 대처를 택할 수 있습니다. 공황은 생존을 위협받을 때 필요한 반응인데, 그다지 긴장할 필요가 없을 때 나타나면 그때부터는 '공황장애'로 발전합니다. 사람은 실제적 위협이 아니라 상상만으로도 실제 겪을 때와 같은 공포를 느낄 수 있으니 가능한 일입니다.

요즘 연예인들이 공황장애를 앓는다고 공개하고 있어서 '연예인병'이라고 하지만 대한민국 사람의 8퍼센트가 평생 한 번은 앓고 지나가니 사실 연예인병보다는 '일반인병'이 더 맞습니다. 단지 연예인들이 공개하기 시작한 것은 그게 부끄러운 일이 아니라는 것을 많이들 알기 때문입니다. 연예인들은 생활이 불규칙적일 테니 공황장애를 앓을 확률은 더욱 높을 수도 있습니다. 밤낮이 바뀌거나 수입이 불규칙적이면 공황발작이 더 쉽게 찾아올 수 있으니까요. 스트레스를 받는 직업이라서 그렇다고도 하는데, 사실 연예인들처럼 방송에 나가 이야기할 기회가 없을 뿐 스트레스를 안 받는 사람이 어디 있겠습니까.

결국 우리 몸에서 내장기관을 움직이고 긴장할지 쉴지 결정하는 자율신경이 잘 조절되지 않으므로 공황발작이 옵니다. 위험하지 않은데 위험하다고 착각하는 것이지요. 자율신경은 분명히 내 몸에 속해 있는데도 내 명령을 따르기보다는 자기들 멋대로 움직입니다. 먹으면 부교감신경이 활동해서 소화 시키고 운동하면 교감신경이 땀 흘리고 그런 식으로 상황에 맞게 움직입니다. 대한민국 사람들은 정부의 명령에 복종해서가 아니라 각자의 양심과 도덕이 있어서 범죄를 저지르지 않습니다. 자율신경 역시 나의 직접적 명령이 없어도 대체로 알아서 잘합니다. 그런데 명령을 내리는 대뇌가 납득할 수 없는 방식, 평소 알던 것과 다른 방식으로 행동하게 되면서 갈등이 생깁니다. 합리적으로 불안할 만하지 않은데 자율신경이 불안 반응을 보입니다. 갑자기 몸과 마음을 통제할 수 없다는 느낌을 인식하게 되면서 불안이 더 심해집니다. 원래 통제해서 잘 살던 것도 아니었지만, 공황 상태에는 굳이 '내 마음대로 안 되네'를 인식하니까 문제입니다. 몸과 마음 사이 이런 갈등이 계속되면서 불안은 증폭됩니다.

밖에 나가기 어려운 이유

공황발작을 겪으면 공황이 왔던 장소 또는 상황과 공포 감정이 연결됩니다. 실제 공황발작과 장소가 관련 있는 경우도 있습니다. 가장 흔한 경우는 언제든 나가기 힘든 곳에서 생기는 경우입니다. 지하철, 비행기, 엘리베이터, 케이블카, 대형쇼핑몰 등이 있습니다. 도움을 청하지 못하는 상황에서 공포를 느끼는 것이죠. 도움받을 수 없는 상황에 대한 해석은 제각기 다릅니다. 만원 버스나 만원 지하철에서 공황이 오는 경우도 있지만, 엘리베이터에 혼자 타거나 밤중에 일어났을 때 혼자임을 느끼는 순간 공황이 오기도 합니다. 어떤 것이 더 위험한 상황일까요? 사실은 모두 특별히 위험하지 않습니다. 죽을 위기는 아닙니다. 하지만 공포는 주관적입니다. 받아들이기에 따라 갑자기 위험을 크게 느낄 수 있습니다. 그리고 우리 본능은 이것을 죽음의 신호로 잘못 해석합니다. 울리지 않아도 되는 일요일 아침 알람처럼요. 사람들은 저 사람이 왜 저렇게 극도의 공포를 느끼는지 이해할 수 없습니다.

공황이 일어났던 장소가 처음에는 별 의미 없었던 경우도 있습니다. 그러나 그 장소에서 공황이 발생했고, 그 자체가 너무나 공포스럽기 때문에 의미 있는 장소가 되어버립니다. 즉 공황, 죽을 것 같은 공포를 겪은 자체가 트라우마가 되어버리는 것이지요. 비슷한 장소에 갈 때마다 또 공황이 올까 봐 예기불안을 느끼고, 피하게 되는 경우도 있습니다.

오래되어 희미한 기억 때문에, 그렇게 중요하지 않다고 지나쳐버린 기억 때문에, 하도 오래 계속되다 보니 익숙해진 스트레스 때문에 공황이 올 수 있습니다. 그 원인이 무엇인지 꼭 알아내야 한다고 생각하지 않습니다. 원인을 알아야만 공황이 낫는 것은 아니기 때문입니다. 진짜 원인을 알고 싶다면 오랜 시간과 돈, 정성을 들일 각오를 하고 정신분석을 받거나 최면치료를 하는 방법이 있긴 있습니다. 공황장애가 단지 마음의 병일까요? 처음에는 마음으로부터 시작되었지만, 지금은 몸의 증상 때문에 더 힘든 몸의 병입니다. 몸의 알람이 고장 난 병이라고 생각해보면, 어떻게 대처해야 할지 더 쉬워집니다. 몸이 아프면 어떻게 하나요? 긍정적인 생각을 하거나 질병에 대한 책을 읽나요? 아닙니다. 그저 잘 쉬고, 잘 먹고, 재미있게 놀고, 가벼운 운동을 합니다. 그래도 안 되면 약을 먹는 게 빨리 낫는 방법입니다. 마찬가지입니다. 공황의 원인을 찾아내고 어린 시절부터 마구 파헤친다고 해서 꼭 공황이 낫지 않습니다. 그보다는 공황이 오는 것을 두려워하지 않고 맞서는 것이 훨씬 중요합니다.

모두가 나를 이해해야 공황이 낫는 것은 아닙니다. 연예인들처럼 많은 사람 앞에 털어놓아야 낫는 병도 아닙니다. 하지만 내가 나를 이해하면 더 쉽게 낫습니다.

인지왜곡을 불러오는 질병

공황장애는 위험하지도 않은 상황을 위험하다고 잘못 인지합니다. 그 상황에 자꾸 부딪혀서 이제는 괜찮다는 것을 내가 직접 확인해야 합니다. 이를 위해서는 자율신경도 튼튼해질 필요가 있습니다. 어떻게 하면 튼튼해질 수 있을까요? 스트레스를 받지 말아야 합니다. 그런데 스트레스를 받고 싶은 사람이 어디 있겠습니까. 그래서 환자들에게 이 말을 하는 게 쉽지 않습니다. 스트레스는 받지 않아야 하는 것이라기보다는 잘 풀어야 하는 것이지요.

술의 경우 공황을 악화시키니 반드시 피하라고 합니다. 직업상 술을 마셔야 하거나 약물치료를 계속하지 못하는 경우와 같이 안타까운 상황도 있습니다. 알면서도 그렇게 택해야 하는 사정이 있는 사람도 있지만 그렇지 않은 사람이라면 술만 끊어도 효과가 꽤 큽니다. 공황이 와도 두렵지 않다는 것을 다른 쪽으로 확인하면 되지 술을 마셔서 확인할 필요는 없습니다. 담배는 공황과 직접적 관련이 없습니다만 호흡기를 약하게 하므로 공황에서 호흡기 증상이 올 때 더 심해지는 원인이 됩니다. 카페인이 공황에 미치는 영향에 대해서는 논문마다 이야기가 다른데요. 카페인 섭취시 공황이 재발하는 경우는 많습니다. 그러나 동물 실험 논문을 봐도 카페인이 공황을 직접적으로 일으키는 것이 아닙니다. 공황유사반응, 즉 진짜 공포를 느껴서가 아니고 맥박이 빨라지고 두근두근하는 증상이 나타나는데 공황을 경험해본 사람은 '또 왔구나' 하고 착각해 두려워하니까 다시 또 공황이 올 수 있는 것입니다.

저는 몹시 좋아하지만 공황장애를 앓는 사람에게는 찜질방이나 사우나를 권하지 않습니다. 급격한 온도 변화도 별로 도움이 되지 않는다고 봅니다. 외부에서 열을 공급해서 교감신경을 항진시키고 땀을 내는 것은 공황장애에 좋지 않습니다. 같은 땀이라도 내가 운동해서 땀을 내야 합니다. 외부 환경에 의한 변화는 자율신경의 조절 능력을 회복하는 데 별로 도움이 되지 않습니다.

공황장애는 도시의 병입니다. 집은 고독하고 지하철 안은 너무도 복잡합니다. 열섬현상을 겪는 밖은 뜨거운데 실내는 에어컨으로 추울 정도죠. 혀를 얼얼하게 하는 매운 음식도 자극적인 소음도 많습니다. 우리가 이 환경을 전부 바꿀 순 없습니다. 몇십 년 후에도 도시에 사람들이 더 모이지 농촌으로 흩어지지는 않을 것입니다. 인간의 몸이 환경의 변화에 적응하는 것보다도 문명의 발전이 더 빨랐습니다. 문명의 발전보다 사람이라는 생물의 진화가 더 느립니다. 빠른 환경의 변화를 따라가다 보면 우리는 늘 각성 상태로 있게 됩니다. 꼭 부정적인 쪽으로 변하는 것이 아니라 새로 이사한 날이나 입학식 때의 긴장을 떠올려보면 환경의 변화 자체가 불안을 유발할 수 있습니다. 그런 긴장 상태가 쌓여 불안해지지 않아도 되는 엉뚱한 때에 과도한 각성을 하는 것이 바로 공황입니다. 3대 또는 4대의 조상 때만 해도 지하철, 비행기, 에스컬레이터를 구경할 수 없었습니다. 우리의 유전자는 여전히 도시를 낯설게 느낄 수 있습니다.

스스로 할 수 있으면서도 자율신경을 훈련시키는 가장 좋은 방법은 운동입니다. 의사가 운동하라니까 허무할 수 있는 결론인데요. 특별히 더 좋은 운동이 있진 않습니다. 요가든 달리기든 모두 해보고 결정하면 됩니다. 내가 해봤을 때 가장 기분이 좋으면 그게 가장 좋은 운동입니다. 헬스 하나만 해보고 나에게 별로야, 혹은 요가가 재미없으니 운동을 못 하겠다고 단정 짓지 않았으면 합니다. 처음에는 승부 없는 운동을 추천합니다. 경쟁에 너무 집착하는 경우 긴장도가 높아질 수 있기 때문입니다. 축구나 농구로 스트레스가 풀리고 삶의 기쁨을 느낀다면 안 하는 것보다 훨씬 낫습니다. 같은 운동이면 실내보다는 야외가 좋다고 봅니다. 즉 자전거를 밖에서 타는 것이 실내자전거보다 낫겠죠. 그래도 집에 실내자전거가 있어서 퇴근 후 밤에도 탈 수 있다면 한 달에 한 번 어렵게 기회를 잡아 야외에서 자전거를 타는 것보다 낫습니다. 1 대 1 필라테스가 비싸다면 무리할 필요는 없습니다. 내 상황에 맞게 꾸준히 재미있게 할 수 있는 운동이면 그게 나에게 가장 좋습니다.

진짜 공황은 20분이면 끝난다

시간은 사람들끼리의 약속입니다. 무한한 영원과 우주의 지루함을 견디기 위해 사람들이 만든 개념입니다. 절대적인 기준이 있는 게 아니라 각자 어떻게 느끼냐에 따라 시간은 다른 속도로 흘러갑니다. 재미를 느끼거나 뭔가에 몰입하는 시간은 금세 지나갑니다. 극도의 공포가 오면 마치 시간이 멈춘 것처럼 느리게 갑니다. 불안할 경우 대사가 빨리 진행되고 자기 자신의 시계가 굉장히 빨라집니다. 정말로 급하게 해결할 문제는 없는데 주변의 시간은 똑같이 흘러가니 내 마음만 급해집니다. 시간이 느리게 흐르는 것처럼 느껴집니다.

공황으로 죽지 않는다는 것을 아는데도 왜 공황이 두려울까요? 일단 그 순간이 고통스럽기 때문입니다. 또 오면 안 된다고 무서워하고, 빨리 지나가야 한다고 말합니다. 불안이 자꾸 심해지면 어떻게 될까요? 증상이 심해지고 상상하기 힘든 순간까지 가면, 그 불안의 끝은 무엇일까요? 바로 줄어듭니다. 인간은 계속 불안할 수 없습니다. 공포에도 피로감이 있습니다. 2020년 코로나19로 인해 대한민국과 온 세계가 감염의 공포에 휩싸였습니다. 처음에는 다들 감염이 두려웠습니다. 몇 달이 지나자 코로나19로 바뀐 생활에 대한 적응문제, 경제적인 어려움, 지겨움과 취미생활을 잃은 답답함, 가족과의 갈등 같은 스트레스로 더 힘들어졌습니다. 공포에 대해서도 지치게 된 것입니다. 따져보면 전국에 10명 이내의 환자가 발생하고 동선이 전부 공개되던 초반보다는 감염자가 2만 명이 넘은 몇 달 후가 훨씬 더 불안한 상황입니다. 그럼에도 불구하고 초반보다는 몇 달이 지난 뒤 바이러스 자체에 대한 공포는 줄었습니다. 언제까지 이럴 거냐는 스트레스는 계속되었지만요. 처음처럼 설레기 어렵듯 처음처럼 계속 불안할 수는 없습니다. 다행히 좋은 의지에 대해서만 초심을 잃기 쉬운 것이 아닙니다. 불안의 경우에도 마찬가지입니다.

몇 달이라는 긴 시간이 아니라 짧은 공황에서도 불안이 처음처럼 계속되기 어려운 것은 마찬가지입니다. 코티솔이라는 스트레스 호르몬은 각성 상태를 만들고 과도하게 분비되면서 공황이 옵니다. 코티솔이 활동하려면 3단계의 명령 체계를 거쳐야 합니다. 배후 세력은 바로 시상하부에서 개시 명령을 내리는, 부신피질자극호르몬방출호르몬CRH인데요. CRH는 이름에서 보듯 그냥 남한테 명령만 내립니다. 진짜 몇 초간 부신피질자극호르몬ACTH에 공격 개시 명령을 내리고 구체적으로 어떻게, 얼마만큼 활동하라는 계획을 주지 않습니다. 바로 치고 빠집니다. 처음에 신호를 준 CRH는 이미 사라졌는데, 그 명령을 기억하고 부신에서 코티솔은 훨씬 오래 몇 시간 동안 활동하며 각성 상태를 유지합니다. 스트레스 호르몬 체계 덕분에 우리 몸은 진짜 공포스러운 상황 없이도 공황을 계속 경험할 수 있습니다. 명령을 철수한다는 신호가 온몸에 전달되기까지 시간 차가 있기 때문에 문제입니다. 원리가 그렇다는 것이고 이를 몰라도 상관없습니다. 아무튼 100미터를 달리는 속도로 마라톤을 완주하긴 어렵습니다. 교감신경도 그렇게 오래 흥분할 수 없습니다. 즉 가만 내버려두면 이런 호르몬들의 활동과 교감신경의 활동은 한계에 부딪히게 됩니다. 알아서 가라앉습니다. 물론 고통스러운 10분은 충분히 깁니다. 그러나 많은 분들이 하루 종일 공황이 왔다고 하거나 종일 분노가 가라앉지 않았다고 합니다. 왜 그럴까요? 가만 내버려두면 되는데 너무 애써서 없애려고 하기 때문입니다. 당연합니다. 죽을 것 같은 공포가 여러 번 갑자기 찾아왔는데 그것에 의연하게 대처하기란 너무 어려운 일입니다. 그래도 공황을 너무 대단하게 다뤄주면 더 활개칩니다. 더 오래 붙어 있으려고 합니다. '없어져야 하는데', '빨리 저리 가'와 같은 생각에서 벗어나도록 애써야 합니다. 공황이 나를 죽이진 않겠지만 오지 말라고 해서 안 올 정도로 착하지는 않습니다.

공황이 지속된다면

공황이 더 오래 지속되는 다른 경우는 다음번에 또 찾아오지 않을까 싶은 예기불안 때문입니다. 실은 다음 공황을 예측할 때의 두려움인데, 그것을 공황이라고 인식하는 것입니다. 실제로 공포스러운 상황이 종료되지 않고 지속되는 경우에는 공황 발작이 가라앉았다가 또 올 수도 있습니다. 하지만 이런 경우는 드물고 가장 흔한 경우는 내가 불안을 억지로 줄이려고 하면서 발생하는 경우입니다. 공황과 같이 불쾌한 감정에 대해서는 사실 무플로 관심을 주지 않는 것이 제일입니다. 그런데 자꾸 "없어져라!"라는 악플을 계속 다니까 불안이 활개치는 것입니다. 불안이 사라져야 한다는 말을 한다는 자체가 관심을 두고 있다는 뜻 아니겠습니까? 너무 정성 들여 대처하다 보니, 오히려 불안이 계속됩니다.

그냥 흘려보낸다는 생각이 쉽지는 않습니다. 이렇게 쓰거나 남에게 말로 해주는 것보다 스스로 하려면 너무 힘듭니다. 적어도 너무 의식적으로 벗어나려고 하지는 않는 것, 즉 공황을 벗어나자고 애쓰는 것보다는 아예 엉뚱한 생각을 하는 게 낫습니다.

'불안에서 벗어나야 해!'라는 바람으로 잘못된 행동까지 하면 공황 상태가 더 오래가게 됩니다. 불안하다고 술을 마시거나 폭식을 하거나 과호흡을 해서 공황을 더 심하게 만드는 경우 등이 포함됩니다. 답답하다고 숨을 들이마시는 행위는 몇 초간 불안을 잠재우지만 공황 증상을 악화시킵니다. 공기가 모자라서 숨을 못 쉬는 게 아니므로 내쉬는 과정을 계속해주는 게 도움됩니다. 공황이 오면 꼭 노력한 만큼 결실이 좋지 않습니다. 불안에 대처하기 위한 행동으로 인해 불안이 더 오래가기도 합니다. 잘못된 대처보다는 가만두는 것이 낫습니다. 물론 불안한 상황에서 가만히 있는다는 것 자체가 몹시 어려운 일입니다. 이것이 단지 마음에서 비롯된 공황이라서, 그로 인해 죽지 않는다는 것을 98퍼센트 믿는다면 가만있을 수 없습니다. 100퍼센트 믿을 때만 가능한 일입니다. "공황이 오지 않을 거야."라는 말은 사실 도움이 되지 않습니다. 공황이 올지, 안 올지 미래를 어떻게 알 수 있겠습니까. 공황이 오지 않아서 괜찮을 것이라고 예측하는 것보다는 공황이 와도 괜찮을 것이라고 생각하는 것이 낫습니다.

공황장애, 두려운 상황을 피하지 않는 것이 중요하다

공황장애 치료에서 약물치료는 다른 어떤 치료보다 빠르고 효과적입니다. 공황장애 약물은 두 가지로 나눕니다.

첫 번째는 위급한 상황에서 증상을 조절하기 위해서 먹는 항불안제입니다. 정신과 약이 못 미덥고 중독될까 봐 걱정하는 사람들은 매일 복용하는 약에 대해 거부감을 갖고 있어 필요할 때만 먹는 이 항불안제를 선호하는 경우가 많습니다. 항불안제가 대세를 바꾸는 경우는 드뭅니다. 내성도 있고 의존성이 항우울제보다 훨씬 높습니다. 그럼에도 항우울제에 비해 효과가 훨씬 빨라 치료 초기, 고통을 빨리 줄여야 할 때 응급으로 사용할 수 있다는 장점이 있습니다.

두 번째는 세로토닌과 노르에피네프린 호르몬을 조절하는 항우울제입니다. 공황장애를 치료하는 약제는 주로 항우울제인데(SSRI, SNRI, TCA 등) 이름만 항우울제고 뇌의 신경전달물질을 정상화하고 흐름을 원활하게 하는 약물입니다. 우울증일 때만 항우울제를 처방하는 것이 아닌데 이름 탓에 오해가 많습니다. 꾸준히 복용하다 보면 자율신경의 균형을 회복할 수 있습니다. 저는 항불안제를 진통소염제나 해열제, 항우울제를 항생제에 비교하곤 합니다. 폐렴에 걸려 열이 심하게 나는데, 일주일이나 열흘 후부터 효과를 보이지만 균을 죽이는 항생제(항우울제)를 먹으며 참으라고 할 순 없습니다. 일단 열을 내리기 위한 해열제(항불안제)도 당장 필요합니다. 각자의 상황에 맞는 치료가 중요합니다.

지하철 타는 것을 시도해보고 싶은데, 또다시 공황발작이 올 것 같아서 두려운 사람이 있습니다. 이럴 때 항불안제라도 먹고 지하철을 타는 것이 좋을까요? 아니면 의존성이 있는 약이니 절대로 먹지 않고 불안이 줄어들 때까지는 다른 교통수단을 이용하는 것이 좋을까요? 그 해결책에 대해서는 정신건강 전문가들 사이에서도 의견이 다릅니다.

저는 약물치료를 통해 억지로 편해지더라도, '지하철을 무사히 탔다'라는 그 기억이 몸에 남는 과정은 소중합니다. 즉 약을 복용한 채 지하철을 타는 게 안 타는 것보다는 낫다는 것입니다. 이런 의견에는 반대하는 전문가들도 있지만 저는 목발을 짚더라도 걷는 게 낫다고 생각합니다. 항불안제라는 것이 나중에 없으면 더 불안해지는, 의존하게 되는 목발이나 지팡이 같은 것일 수도 있지만 그 덕분에 걷고 세상을 더 볼 수 있다면, 더 행복한 생활을 할 수 있다면 그렇게라도 두려워하던 대상과 맞설 수 있지 않을까요?

공황에 대한 공포스러운 기억을 없애주기 전이라도 신체적 증상을 줄이는 건 매우 중요합니다. 만약 심장이 두근거리고, 머리가 아프고 손발이 저리는 사람에게 "공황이 와도 두려워하지 마세요."라고 해봤자 효과가 없습니다. 몸이 이런 상태에서 마음의 평화를 찾기란 쉽지 않습니다. 불안으로 인한 몸의 불쾌한 증상을 줄여야 그다음 단계에 대한 의지를 가질 수 있습니다. 두려운 상황을 맞서는 경험을 몇 번 겪고, 잘해내고 나면 다음에는 약을 반 알만 먹어보고 그다음에는 약을 손에 꼭 쥔 채로, 가방에 넣은 채로, 집에 둔 채로 살아갈 수 있지 않을까 싶습니다. 약물치료는 새로운 긍정적인 경험을 위한 도구가 될 수 있습니다.

당연히 모든 것을 해결해주지 않습니다. 약은 정신에 작용한다기보다 단지 몸의 증상을 없애주는 것입니다. 약을 복용하는 상태에서 공황이 오는 장소를 피하며 그대로 지내면 약을 끊기 어렵습니다. 신체적 증상을 줄여 긍정적인 경험을 쌓을 기회를 위함입니다. 지하철을 못 타던 사람이 약물치료 중에라도 지하철을 잘 타고 목적지까지 도착하는 경험을 하면 그것을 몸이 깨닫고 느끼고 경험합니다. 공포가 몸에 각인되듯 긍정적인 경험도 몸에 각인됩니다. 좋은 경험이 반복되다 보면 그 이후에는 언젠가 약이 없어도 잘 지낼 수 있는 것이죠. 긍정적 경험을 해야 약을 끊을 수 있습니다.

공황장애 치료의 가성비

공황장애 치료에서 또 한 가지 중요한 것은 가성비입니다. 돈이 아니라 시간이나 정신적 에너지도 고려한 가성비를 말씀드린 것입니다. 병원이나 상담소에 찾아가서 시간과 돈을 들이는데 이걸로 얼마나 이득을 볼 수 있는지 다들 고민합니다. 물론 공황장애를 오래 앓다 보면 우울증까지 올 수 있으므로 생활에 심각한 지장이 있다면 반드시 치료받아야 합니다. 기본적으로 공황장애는 죽을병이 아닙니다. 죽을병이 아니라는 사실을 진심으로 믿은 채 치료에 대해 결정해야 합니다.

모든 투자는 그 이상의 이득을 얻어야 합니다. 공황발작으로 여러 번 응급실에 간다면 기가 빨리고 비용도 만만치 않기 때문에 그보다는 정기적으로 정신과 치료를 받는 것이 낫습니다. 공황으로 지하철을 못 타고 택시만 타고 다니는 것보다 정신과 치료비가 훨씬 저렴한 경우가 많습니다. 공황으로 얻은 손해를 잘 계산해봐야 합니다. 얼마나 삶의 질을 떨어뜨렸나요?

반대의 경우도 있습니다. 비행기가 두려워 필요할 때만 항불안제를 복용해 간신히 비행기를 탈 수 있다는 사람이 있다고 합시다. 생활의 다른 부분에는 문제가 없습니다. 만약 이 사람이 스튜어디스라면 매번 약을 복용해가며 일을 하는 게 어려울 수 있기 때문에 반드시 비행공포증에 대한 전문적인 치료를 받는 것이 맞습니다. 그런데 1년에 한두 번 비행기를 타는 보통 사람이 몇 달씩 항우울제를 먹거나 굉장히 비싼 돈을 들여서 치료를 받을 필요는 없다고 봅니다. 여기에 대해 치료자마다 생각이 다를 수 있습니다. 저는 그 정도로 드문 상황이면 필요할 때만 항불안제 정도를 복용하는 것도 나쁘지 않다고 봅니다.

저는 백화점에 30분쯤 있으면 공포, 식은땀, 구토가 오지만 치료받지 않습니다. 1995년에 일어난 삼풍백화점 사고에 큰 충격을 받았기 때문에 층고 낮은 백화점에 30분 이상 있지 못합니다. 그래서 정말 필요한 것만 사가지고 나오니 자연스레 돈을 아끼게 됩니다. 다행히 생필품을 사는 마트에서는 괜찮으므로 치료를 받지 않습니다. 뱀 공포증도 있으나 치료받지 않는 것은 다행히 뱀을 만날 일이 거의 없기 때문입니다. 혹시 뱀과 꼭 함께할 일이 생긴다면 일단 필요시 약만 먹을 예정입니다. 마찬가지로 유리 바닥 공포증도 꼭 치료받을 필요가 없습니다. 마천루 바닥이 투명한 유리가 된 곳만 못 걷는 경우인데 우리나라에서는 종로타워와 롯데타워 전망대 말고는 거의 없습니다. 거기 안 가도 큰 지장이 없습니다. 근무를 그런 쪽에서 해야 한다면 이야기가 좀 다릅니다. 케이블카나 롤러코스터를 못 타는 경우, 아쉽지만 안 타도 괜찮습니다. 내 생계와 삶의 관계를 파괴하지 않는다면 굳이 치료받지 않아도 됩니다. 설령 공황이 와도 죽거나 쓰러지지 않기 때문입니다. 반대로 일상적인 상황에서 공황이 자주 와서 내 생활에 지장이 있다면 꼭 치료받는 것이 좋다는 이야기입니다. 이렇게 이야기하는 까닭은 우리가 도시에서 살아가는 한 모든 상황에서 완벽한 편안함을 얻을 수 없기 때문입니다. 때로는 불안해도 괜찮다는 것입니다.

6장

사람들 앞에 서면 불안합니다:

사회불안장애

사회적 상황에 대한 불안

사람들 앞에서 발표하거나 주목받거나 심지어 대화를 할 때 심하게 긴장되는 사람들. 다른 사람의 평가에 신경 쓰이고 그 불안 때문에 자리를 피하기까지 하는 경우 사회불안장애를 의심합니다. 예전에는 대인공포증, 사회공포증이라고 불렸기에 혼용해서 쓰기도 하지만 결국은 같은 얘기입니다. 발표할 때 떨린다고, 학교나 직장에 새로 들어갔을 때 다른 사람들이 나를 어떻게 생각할지 신경 쓴다고, 대중교통에서 시선이 불편하다고 모두 사회불안장애는 아닙니다. 전혀 그렇지 않은 사람이 어디 있겠습니까. 사람은 어느 정도 다른 이를 의식하고, 세상의 평가를 염려하며 살아갑니다. 이에 대한 불안이 너무 심해서 겪는 불편함이 크거나, 그로 인해 사람들과 만나는 상황을 피하는 경우 사회불안장애라고 볼 수 있습니다. 다른 불안장애와 마찬가지입니다. 불안은 누구에게나 있지만 일상생활에 지장을 주거나 불편함이 있는 경우 병이라고 진단합니다.

인간이 사회적 동물이라는 것은 사람들 사이에 섞여서 좋은 평가를 받으며 살고 싶다는 뜻입니다. 호모 사피엔스가 협력해서 생존하는 시대부터 사회에서 배척은 두려운 것이었습니다. 로마 사회에서는 도시 밖으로 추방하는 '수화불통'이라는 벌이 있었습니다. 조선시대 귀양의 경우 경치 좋은 곳에서 음식과 물자를 공급받았으나 집단에 섞이지 못하는 자체로 고통이었습니다. 이마에 죄인이라는 낙인을 새기는 것도 사회적 지위의 박탈이었습니다.

인간의 역사가 시작되면서부터 사회에서 이탈은 두려움이 되었습니다. 그 두려움은 가족 단위의 작고 기본적인 집단보다는 좀 더 큰 집단에서 두드러집니다. 나와 직접적으로 친한 사람보다는 학부모, 시가나 처가와 같이 한 다리 건넌 집단을 만날 때입니다. 또한 입사 또는 입학을 해서 새로운 집단에 적응이 필요한 시기에 소외에 대한 불안은 더욱 심해집니다. 인간이 집단을 구성하고, 생존을 위해 서로 협력하기 시작하면서 생긴 당연한 불안입니다. 그 불안 덕분에 우리는 욕이 나오는 순간에도 말조심하고, 소문을 함부로 퍼뜨리지 않고, 질서를 지킵니다.

남의 시선을 의식하며 살아간다는 것

사회적 불안이 사회생활을 하는 데 늘 도움되는 것이 아닙니다. 과도하면 오히려 인간관계에서 부작용이 생기기도 합니다. 사람들의 눈치를 심하게 보는 경우를 생각해봅시다. 남의 시선을 심하게 의식하느라 진실한 의사소통을 하기 어렵고 오히려 어색한 분위기를 만드는 경우가 있습니다. 심하게 불안한 감정은 긴장하고 굳은 표정을 만듭니다. '내 눈 맞춤이 이상해 보이지 않을까?', '나의 굳은 표정을 보며 어떻게 평가할까?' 막상 그런 고민을 하느라 얼굴이 더 굳어집니다. 이야기의 주제 또는 상대방에게 주의를 집중하기보다는 자기가 어떻게 보일까에만 집중하는 사람을 보면서 상대방의 마음이 편할 수 있을까요? 단지 타인을 의식하는 것인데도 마음이 딴 곳에 있는 것처럼 보이거나 꿍꿍이가 있다고 오해받을 수 있습니다. 실제 범인을 지목하는 실험에서도 사람들은 불안해 보이는 사람을 도둑으로 꼽습니다.

A씨는 초등학교 때까지는 활발한 성격이었습니다. 중학교 때 집안 사정으로 전학을 갔는데, 자기소개를 하는 자리에서 목소리를 심하게 떨었습니다. 숙제 내용을 발표하는 것도 아니고 자기 이야기를 하려니 너무 긴장되었기 때문입니다. 그 이후로 새로운 학교의 친구 두세 명이 목소리 떠는 것을 흉내 내며 A씨를 불렀습니다. A씨는 그중 한 친구에게 하지 말라고 했는데, 그 표정이 너무 굳어 있었는지 A씨더러 무섭다고 더욱 놀렸습니다. A씨는 학교에 가기 싫었고 쉬는 시간에는 엎드려 있었습니다. 어차피 할 이야기도 떠오르지 않았습니다. 그렇다고 아이들이 대놓고 놀리거나 때린 것은 아니었기 때문에 선생님이나 부모님에게 도움을 처하기도 참 애매했습니다.

세월이 흘러 A씨는 대기업에 입사했습니다. 주제가 정해진 업무적인 이야기를 할 때는 차라리 괜찮았습니다. 일상적인 이야기를 조금만 시작해도 목소리가 떨리기 시작했습니다. 말실수가 두려웠기 때문입니다. 떨면서 말하느니 대화를 하지 않는 것이 낫다고 생각했습니다. A씨는 엘리베이터에서 동료를 만나도 긴장이 되어 최대한 단답형으로 대답했습니다. "아침은 드시고 오세요?"라고 하면 "네."라고만 대답했습니다. 더 이상 대화를 이어나가기가 힘들었습니다. 주말에 뭘 했냐는 이야기에도 목소리 떨리는 것이 두렵고 긴장한 표정을 들키기 싫어서

"그냥요."라고 대답하고 말았습니다. 그렇게 몇 개월을 지내다 보니 구내식당에서 A씨는 혼자 밥을 먹게 되고, A씨는 '역시나 사람들은 나를 별로 좋아하지 않아. 내 예상이 맞았어'라고 생각합니다.

어떻습니까? 자기의 불안이 크면 상대방의 입장을 고려하는 것마저 어렵습니다. 다른 직원 입장에서 생각을 해봅시다. 대화를 해보려고 동료 직원에게 질문했는데, 아무것도 되묻지 않고 그냥 단답형 질문을 하면 누구나 대화를 잇기 힘들어집니다. "저는 매일 아침 챙겨 먹어요. 대리님은요?" 이렇게 되물어야 대화가 이어집니다. A씨는 사람들이 의식되어 짧게 답하거나 눈을 마주치지 않은 것인데, 상대방은 당연히 '저 사람은 나를 싫어하는구나'라고 생각할 수 있습니다. 나만 사회적 불안이 있고 다른 사람은 사회적 불안이 없는 것이 아니기 때문입니다. 그래서 긴장 때문에 한 행동으로 내가 모든 사람들을 따돌리게 될 수 있습니다. "A씨는 혼자 있는 걸 좋아하나 봐." 사람들은 눈을 피하고 단답형에 표정이 굳은 A씨를 귀찮게 하지 말아야겠다는 생각을 합니다.

내 불안이 더 크다고 해도 그 불안이 생각보다 밖으로 티가 나지 않습니다. 타인이 내 불안을 알고 배려해주기 어렵습니다. 그렇게 친하지도 않은 사람들이 A씨의 중학교 시절을 알리가 없습니다. A씨의 오래된 불안과 예민함을 다 이해하기는 어렵습니다. 상식적으로 누군가 내 말에 답하지 않으면 대화 의지가 없거나, 나와 친해질 의지가 없다고 생각하지 상대방이 나를 의식하는 원래 불안한 사람이라고 생각하기는 참 어렵지 않습니까.

사람들도 자기의 사회적 불안을 해소하고 집단에 적응하려고 용기 내어 말을 걸 뿐입니다. 그런 질문을 굉장한 호의나 친절로 해석하라고 이야기하지 않습니다. 억지로 긍정적으로 생각할 필요가 없습니다. 내가 특별한 잘못을 하지 않았는데 그 사람에게 비호감일 확률도 극히 낮습니다. 만약 내가 그 사람의 성추행 가해자와 닮았거나, 우리 식구를 궁지로 몰아넣은 친척과 목소리가 똑같다면, 억울하지만 어쩔 수 없습니다. 상대방의 해결되지 않은 문제인데 내가 어떻게 하겠습니까. 하지만 그럴 확률은 매우 낮습니다.

구내식당에서 다시 혼자가 된 A씨는 결국 올바른 예측을 한 걸까요? 아니면 본인의 불안으로 인해 자신이 그런 미래를 만든 걸까요?

남이 나를 어떻게 볼지 **불안하다면**

내가 어떻게 보일지에 대한 집착으로 인해 대인공포증은 심해집니다. 인간 사회에서 누구나 자기에 대한 평판을 신경 씁니다. 부정적인 평가를 받으면 속상합니다. 대인공포증 환자들의 경우 다른 점이 있습니다. 긍정적인 평가에 대해서도 예민하고 불쾌하게 해석합니다. 그들은 기쁘지 않습니다. 이상하지요? 현재에는 좋은 평가라고 해도 언젠가 그 평가가 뒤집어지고 다른 누군가가 반대 의견을 제시할지도 모르는 상황을 염려하기 때문입니다. 그러니 얼마나 피곤할까요.

대인공포증을 겪는 사람이라고 딱 보기에도 수줍어 보이거나 불안해하는 것을 남들이 알 수 있지는 않습니다. 겉으로 볼 때는 증상을 알 수 없는 경우가 대부분입니다. 대인공포의 고통은 주관적입니다. 그렇다고 남들이 알고 이해해주길 바라지도 않습니다. 언제나, 어디에서나, 누구에게나 좋은 평가를 받아야 한다는 생각은 과도한 자기애, 즉 나르시시즘과도 관련이 있습니다. 내 자신이 어떻게 보이는지에 대한 생각 때문에 다른 사람의 존재 자체에 관심을 가질 겨를이 없기 때문입니다. 물론 그렇게 자기중심적이라고 해서 이기적으로 다른 사람을 착취하고 이용하는 자기애성 인격장애까지는 아닌 경우가 대부분입니다. 안 좋은 소리를 듣느니 아무 소리도 듣지 않는 것이 나아, 이런 마음으로 사회생활을 피합니다.

사람들은 나에게 관심이 없다

끊임없이 다른 이들의 평가를 신경 쓰는 사람들에게 드리고픈 이야기는 딱 하나입니다. 불행인지 다행인지 사람들은 생각보다 당신에게 관심이 없습니다. 다들 생각보다 바쁘고 다들 자기 자신에게 관심을 갖는 세상입니다. 당신이 올린 사진을 보고 외모를 헐뜯는 사람이라면, 자기 셀카를 올리는데 몇십 장을 찍어서 결점을 찾아내고 보정하는 데 더 오랜 시간을 소요

할 겁니다. 남의 결점을 억지로 찾아내고 평가하기 좋아하는 사람들이라면 어차피 가까이해서 좋을 것이 없다는 점이 불행 중 다행입니다.

특별한 장점을 갖고 있지 않은 이상 처음 만나는 사람들에게 굉장한 호감을 주기는 어렵습니다. 반대의 경우도 마찬가지입니다. 인상적인 비호감형이 되기도 어렵습니다. 내가 다른 사람을 볼 때도 마찬가지 아닙니까. 거리에서 만난 사람들을 대부분 기억할 수가 없지 않습니까. 외모가 연예인급으로 뛰어나거나 이상형 정도 되어야 기억에 남습니다. 혼자 욕설을 하며 중얼거리거나 도서관에서 전화 통화를 하는 등, 평소 대인관계에 불안이 많은 당신한테 시켜도 하기 힘든 행동을 해야 님들 기억에 남습니다. 나도 지나가는 사람들을 대부분 기억하지 못하며 직장 사람들의 사정에 관심을 줄 겨를이 없습니다.

대부분의 사람들은 나에게 그렇게 큰 관심이 없습니다. 그게 내가 못난 존재라는 뜻이 아닙니다. 심지어 사람들은 신나게 비난을 하다가도 잊습니다. 오래도록 회자될 만큼 인상적인 일을 만들기란 쉽지 않습니다. 우리는 많은 범죄자, 연예인, 정치인의 이름이 잊히는 것을 많이 보고 있습니다.

대인공포증을 앓는 어떤 여자 P의 이야기입니다. 그는 지하철에서 사람들이 자기를 쳐다보고 외모를 비난한다는 생각에 대중교통 이용이 어려웠죠. 오랫동안 약물치료와 인지행동치료를 해서 마침내 사람들의 시선을 마주할 수 있게 되었습니다. 두근거리는 마음으로 '지하철 한 정거장 타기'를 시작한 날, 마침내 P는 고개를 들어 주위를 보았습니다. 몹시 실망스러웠습니다. 아무도 자기를 쳐다보지 않는다는 것을 알게 되었습니다. 사람들은 스마트폰을 보거나 책을 읽고 있었습니다. 다들 바빠 보였습니다. P는 생각보다 사람들이 자기에게 관심 없다는 생각에 좀 섭섭하기도 했고 그동안 바쁘게 돌아가는 세상에서 소외되었다는 것을 알게 되었습니다. 누가 소외시킨 것이 아닙니다. 스스로 남들이 자기를 비난하고 수군댈 것이라는 생각에 가두어 놓았습니다. 부정적인 평가에서 자유로워지라는 이야기가 아닙니다. 우리가 비난으로 가득 차 있을 거라 믿는 공간에는 무관심과 외로움이 자리합니다. 아무도 나를 쳐다보고 비웃거나 수군대지 않는 그 외로움이 꼭 나쁜 것은 아닙니다. 고개를 들어 직접 확인하는 순간 새로운 자유가 찾아오게 될 겁니다.

대인공포, 대화 사이의 공백이 불안하다면

대화 사이에 갑자기 공백이 생기면 불안해하는 사람들이 많습니다. 성도는 다르지만 누구나 어색하다고 느껴지는 그 상황을 좋아하지는 않을 것입니다. 이런 공백은 생각보다 자주 일어납니다. 어렸을 적 학교에서 쉬는 시간이나 점심시간에 와글와글 각자 떠들다가 우연히 각자의 말이 모두 끊겨서 한순간 조용해진 적이 있지 않나요? 선생님이 등장하거나 수업 종이 친 것도 아닌데 말이죠. 그럴 때 우리는 "귀신이 나타났다!"라고 웃고 장난쳤지만, 사실 대화는 자주 끊기다가 이어지는 것인데, 주변의 시끄러운 환경이나 곧 다른 주제로 이어지는 덕분에 잘 인식하지 못할 뿐이죠.

대인공포 환자들이 다른 사람과의 대화에서 불안해하는 까닭은 어색함에도 책임을 느끼기 때문입니다. 그런 어색함이 자기 부족함에서 나왔다고 생각하는 경우가 많습니다. 소개팅에 나가서 대화가 끊기는 상황이면 상대방이 나를 마음에 들어하지 않아서라고 지레짐작해버립니다. 발표할 때 내가 말을 잠시 끊었음에도 고요하면 자신의 부족함인 것 같아 스스로를 탓합니다. 말이 끊임없이 이어져야 그 회의가 성공적이거나 즐거운 시간은 아닌데도 말입니다.

자기의 부족함만 보면 오히려 상대방의 마음에 공감하지 못하고 오해를 삽니다. 부족한 자신감에서 비롯된 약한 마음은 마치 남에게 관심 없는 악한 마음으로 오해받기도 합니다. 내가 어떻게 보일까 무슨 말을 할까 걱정하느라 남의 이야기를 놓치고 배려를 못하기도 합니다.

대화할 때는 나만 긴장하는 게 아니라 상대방도 긴장합니다. 처음 만나는 자리에서는 누구나 대화를 이어 나가는 것이 쉽지 않습니다. 상대방이 나를 싫어해서가 아니라, 상대방 역시 긴장해서 그럴 수도 있습니다. 하지만 내가 너무 불안하니까 다른 사람의 불안까지 생각할 겨를이 없습니다.

타인의 불안을 생각해보라는 것은 다른 사람을 위해서가 아닙니다. 자기 자신을 위해서입니다. 상대방도 불안하고 당연히 긴장할 것이라고 이해하면 좀 편해집니다. 연애 문제를 보면, 내가 마음에 드는 사람이 동시에 나를 그만큼 마음에 들어 할 확률이 몹시 낮습니다. 두 사람이 같은 시기에 비슷한 정도의 호감을 주고받는 경우가 드뭅니다. 누군가가 먼저 자기 호감에 대해 적극적으로 노력하기 때문에 연애가 성립됩니다. 사람은 자기를 좋아한다는 것을 알면 대부분 호감도가 더 높아지게 되어 있습니다. 상승한 호감도가 연애를 할 정도가 아닐 수도 있고 표현의 미숙함 때문에 잘되지 않을 수는 있습니다. 둘이 서로 좋아하는 마음을 확인하고 연애에 이르는 과정에는 굉장한 노력이 필요합니다. 그 과정은 당연히 불안으로 가득 차 있습니다.

자기감정에 대한 몰입으로 둘의 관계에 대해 혼자 책임을 지려하면 그 과정이 불안합니다. 말이 끊겨서 어색한 상황도 서로의 마음을 확인하는 과정도 전부 내 책임으로 생각하게 되는 것이지요. 그렇게 생각하다 보면 사람들과의 만남이 늘 괴롭습니다. 설령 내가 개최한 모임이라고 해도 대화를 나누는 시간은 대화를 하는 사람들 모두의 것입니다. 공백이 생기더라도 내가 초조해할 필요는 없습니다. 그런 긴장 때문에 사람들과의 만남이 더욱 두려워집니다.

공백을 두려워하는 습성은 온라인에서도 이어집니다. 단톡방에서 누군가 질문을 던졌는데 아무도 답을 하지 않는다면, 괜히 내가 초조합니다. 무엇이든 대답하려고 애씁니다. 그러다 보니 나는 오히려 준비되지 않은 이야기를 던질 수도 있고, 대화에 에너지를 많이 쏟게 됩니다. 쓸데없는 이야기를 했다는 후회는 결국 또 내 몫입니다. 도대체 왜 다른 사람을 염려하느라 내 걱정거리를 하나 더 만들까요? 그 사람이 불안할지, 질문을 던져놓고 자기는 다른 일을 하고 있을지 어떻게 압니까? 상대방이 원하는 것을 맞춰야만 지속할 수 있는 관계라면 오래가지 못합니다. 한쪽만 맞춰주면서 생기는 나의 피로감과 상대방의 기대는 빨리 무너뜨릴수록 건강한 관계로 나아갈 수 있습니다. 공백에 대한 책임에는 기대가 따르는 것도 문제입니다. 막상 내가 질문을 던졌을 때 아무도 답하지 않으면 서운합니다. 사람은 어떤 행동을 할 때 되돌려받기를 기대하기 때문입니다. 그게 아니라고 해도요. 다들 바빠서 답을 못하는 사정일 수도 있는데 나를 싫어해서 그러나, 라고 생각합니다. 그러면 사람들과의 대화가 더 불안해지는 악순환을 겪습니다.

대화는 끊겼다가도 이어지고 하는 것입니다. 사실 대인공포를 가진 사람들이 상상하는 완벽한 상태는 굉장히 피곤합니다. 시선 처리의 경우, 100퍼센트 눈을 계속 마주치는 상황을 이상적이라고 생각합니다. 대화하다가 눈을 피하면서 소심하고 바보 같다고 여기지요. 그런데 계속 눈을 마주치고 대화하는 건 상당히 부담스럽습니다. 대화의 흐름도 마찬가지입니다. 유튜브처럼 공백을 없애는 편집을 하는 것도 아닌데, 현실에서 대화를 쉬지 않고 주고받는다면 실은 서로 말하려고 하는 피곤한 상황입니다. 가족 또는 반려동물을 떠올려보면 서로 말을 주고받지 않아도 편합니다. 말이 핑퐁처럼 오가지 않는다는 이유로 그 관계에 대해 부정적으로 생각할 필요 없습니다. 공백이 두려워 대화를 피하는 것은 손을 놓는 순간이 싫어서 악수를 하지 않는 것과 같습니다.

발표공포, 떨어도 괜찮다

대인공포증은 사람들이 날 쳐다보는 시선을 의식해서 집 밖에
도 나가기 어려운 히키코모리부터, 아주 멀쩡하게 사회생활을
남들보다 잘하지만 발표 때만 스트레스를 받는 사람까지 굉장
히 범위가 넓습니다.

발표공포는 단순히 발표할 때 긴장되는 경우를 말하는 것이
아닙니다. 저도 발표할 때는 당연히 떨립니다. 떨리는 사람이
문제가 아니라 나만 떨릴 것이라고 생각하고, 남들이 떨리지
않을 것이라고 생각하면 그게 문제입니다.

발표공포를 치료하는 데 가장 중요한 것이 무엇일까요? 그
것은 바로 떨지 않을 수 있다고 믿는 것입니다. 당신은 잘할 수

있습니다. 이 말, 어떻습니까? 떨지 않고 잘할 수 있다니 굉장히 그럴듯하죠? 아닙니다. 이런 말을 절대로 믿어서는 안 됩니다. 떨지 않을 수 있다고 용기를 주는 것이야말로 달콤하지만 몸에 안 좋은 설탕 같은 말입니다. 근거 없는 긍정적인 예측을 하면서 억지로 그 생각을 불어넣는 것은 도움이 안 됩니다. 자신감 있는 사람에게는 조금 도움이 될 수도 있지만 불안한 사람은 이런 말 때문에 더 불안해집니다.

그동안 발표 때마다 '떨지 말자'라고 스스로 여러 번 다짐했을 것입니다. 그런데 왜 떨림이 사라지지 않았을까요? 긴장하는 것, 발표를 앞두고 불안해하는 것이 나쁘다고 여기기 때문입니다. 긴장과 불안을 조절하는 자율신경은 청개구리입니다. 억누르니까 더 긴장을 만들어냅니다. 떨지 말자고 생각하는 자체가 불안에 더욱 집중하는 과정이기 때문입니다. 그렇다면 이제 다른 방법을 써보는 것은 어떨까요? '떨지 말자'가 아니라 '떨어도 괜찮아'라고 말해봐야 합니다. 이런 전환이 없으면 아무것도 달라지지 않습니다. 떨 수도 있습니다. 중요한 사람들을 모아놓고 발표를 하는데 긴장하지 않고 마음이 편하다면 너무하지 않습니까? 떨어도 괜찮다, 누구나 긴장할 수 있다, 내가 긴장을 해도 괜찮다, 이렇게 생각할수록 마음이 편해지는 것을 경험할 수 있습니다.

쉬운 일 같지만 어렵습니다. 상담할 때는 저를 믿고 떨어도 괜찮다고 하겠다며 다짐했던 사람들도 막상 발표 상황에서 그렇게 하기는 어려웠다고 하더군요. 발표가 왜 공포스러울까요? 또 해야 하기 때문입니다. 그 대신 또 기회가 있습니다. 이번에 못했다면 다음에 그렇게 해보면 좋습니다.

"발표 따위 망쳐도 좋아요. 당신에게는 소중한 가족이 있잖아요." 이렇게 이상적인 이야기를 하는 것이 아닙니다. 인생에서는 공연을 잘하는 것도, 월급이 오르는 것도, 소개팅에 나가서 잘하는 것도, 면접을 잘 보는 것도 중요한걸요. 못해도 된다고 하지 않았습니다. 단지 긴장의 여부가 능력의 기준이 아니라는 거예요. 앞서 이야기했던 일부러 불안에 노출하는 연습과도 일맥상통합니다. 일부러 쉬운 상황을 만드는 것 기억하시지요? 단, 그것은 일생일대의 중요한 발표 때 해보는 것이 아니라, 평소의 덜 중요한 기회에 시도해야 합니다.

즉 떤다고 못하는 것도 아니고 떨지 않는다고 잘하는 것도 아닙니다. 좀 목소리가 떨려도 내용이 훌륭하면 사람들이 알아봐줍니다. 굉장히 당당하고 멋진 목소리로 이야기해도 내용이 빈 깡통이면 그 밑천은 드러나게 되어 있습니다. 긴장하느냐 마느냐에 신경 쓰지 말고 전달할 내용에 더 집중하세요. 떨어도 괜찮습니다.

과잉보상은 긴장보다도 못하다

스티브 잡스는 세상을 떠났지만, 많은 사람들이 그가 아이폰을 소개할 때의 장면을 기억합니다. 차분하면서도 분명한 메시지를 전달하고, 잘난 척하는 것 같지는 않은데 자신감 있어 보이는 그 발표 장면. 정말 멋있는 발표의 정석입니다. 그 밖에도 TED에서 강연하는 사람들의 모습을 보며, 난 왜 저렇게 자신있게 이야기하지 못할까 그런 생각을 합니다.

주변을 잘 둘러봅시다. 발표를 두려워하는 많은 사람들이 갖고 있는 '발표 잘하는 사람'의 이미지는 어떤 건가요? 그들이 하는 말이 좋은 평가가 맞나요? 그게 가장 이상적일까요?

우리나라 회사에서 신입사원이 상사들 앞에서 기획서를 발표하는데, 잡스처럼 한다면 어떨까요? 혹시 트럼프 대통령과 같은 태도로 거침없이 말한다면 어떨까요? 별로 좋아하지는 않을 겁니다. "저 친구 사회생활을 몰라도 한참 몰라."라는 뒷얘기를 들을 수도 있습니다. 우리가 이상적이라고 꿈꾸는 그 이미지가 실제 이상적인 것이 아니라는 겁니다. 대통령이나 CEO의 위치에서 가져도 되는 태도를 보통 사람들이 가진다고 반드시 호감을 줄 수 있는 것이 아닙니다.

억지스런 자신감의 부작용

과잉보상over-compensation은 불안을 극복하려고 자신감 있는 모습을 과장하는 경우입니다. 대인공포증이 어느 정도 회복될 무렵 나타나는 모습입니다. 대인공포증의 선구자인 이시형 박사는 이걸 '강기強氣'라고 표현했는데요. 성공을 거두고 열등감을 극복하면, 그 반동으로 자신감이 생겼다면서 너무 오버하는 경우를 말합니다. 진정한 자신감보다는 우월감에 가까운 것이지요. 남들과 비교하지 않고 괜찮은 마음이 아니라 남들보다 낫다는 마음입니다. 옛날에 스피치 학원 같은 데서 일부러 모르는 사람에게 가서 부탁하거나, 지하철에서 자기소개 하는 것을 시키기도 했는데요. 이는 현실보다도 훨씬 어려운 과제이기 때문에 과잉보상에 빠지기 쉽습니다. 자칫하면 부정적인 경험을 겪게 되고 더 절망하고 퇴보하게 됩니다.

불안이 아직은 남아 있는데 없어졌다고 믿으니 과잉보상이 생깁니다. 떨림을 극복하려고 오버해서 큰 소리로 말한다거나, 시선공포를 극복하려고 오히려 눈을 뚫어지게 쳐다보는 경우도 있습니다. 이런 것을 안전행동safety behavior이라고 하고, 결국 불안이 더 생기는 것을 막기 위한 작은 회피라고 볼 수 있습니다. 애초에 발표를 피하던 때보다는 낫겠지만, 문제는 과잉보상이 실제로 사회생활에서 안 좋은 결과를 가져오기도 한다는 거죠. 스티브 잡스처럼 발표했다가 윗사람들에게 비난받으면 주눅 들고, 사람들이 불편하게 생각하는 것을 인지하니까, 더 긴장되고 다음번 발표는 더 어려워지겠죠? 자신감 있는 모습으로 살아가겠다고 과도하게 공격적인 질문을 하는 경우도 있습니다.

실제로 미국 등 서양 문화권에 대인공포증이 더 많습니다. 한국 문화는 오히려 대인공포증에서 벗어나기에 더 괜찮습니다. 사람들 앞에서 긴장하고 수줍어하는 사람을 겸손하다고 좋아하는 경향도 있기 때문입니다. 자기주장을 똑 부러지게 잘하고 거침없이 말하는 사람에게 비호감을 느끼거나 은근 질투합니다. 그러니 떨릴 때 떨린다는 것을 보여줘도 됩니다. 아쉽게도 떨려도 된다고 생각할수록 덜 떨리겠지만 말입니다. 오히려 남들 앞에서 긴장을 하면서도 할 말을 이어 나간다면 더 겸손하면서도 능력 있는 사람으로 평가받습니다. 준비한 내용을 끝까지 발표하지 못할 정도로 긴장한다면 문제지만, 떨리는 목소리 등을 보이거나 남의 지적에 좀 당황하는 모습을 보여도 괜찮습니다. 윗사람이 지적하면 마음껏 당황하세요. 막 얼굴 빨개지고 그러세요. 그래야 더 좋게 봅니다.

당신은 애플의 CEO가 아닙니다. 불안한 모습을 보여줘도 이상적인 발표를 할 수 있습니다. 자신감 있어 보이는 것이 가장 좋은 평가라는 인식에서 벗어나면 훨씬 편해집니다.

ADHD 환자들에게 대인공포증이 더 많은 까닭

대인공포증은 불안장애고, 세로토닌과 주로 관련이 있습니다. 반면 ADHD는 노르에피네프린, 도파민 등과 관련 있습니다. 전두엽의 기능은 두 질환 모두에서 중요하겠지만 그렇다고 뇌의 영역이 아주 일치하는 병도 아닙니다. 증상도 전혀 다릅니다. 그런데 두 질환이 어떻게 관련이 있을까요? 둘 중 어떤 질병이 먼저 생기는 경우가 많을까요?

사회불안장애는 10대에 발병하는 경우가 많습니다. 우울증, 조울증, 공황장애에 비해 병이 생기는 시기가 굉장히 빠르지요. 하지만 치료받으러 오는 데 굉장히 오랜 시간이 걸립니다. 정신건강의학과에서는 이걸 DUP라고 해요. 병이 있지만 치료받지 않은 기간duration of untreated period입니다. 대인공포증의 DUP는 평균 10년 이상입니다. 초등학교 시절부터 남들 앞에 설 때의 불안, 남들이 나를 어떻게 볼까 하는 두려움으로 사회 생활이나 대인관계에서 손해를 봅니다. 그런데도 막상 20대가 지나서야 병원을 찾는 경우가 많습니다.

대인공포증도 다른 정신과 질환에 비해 좀 빨리 생기는 편이지만 ADHD는 더 빨리 생깁니다. 요즘 성인 ADHD라는 용어가 오해를 사기 쉽지만 성인 ADHD는 어른이 된 후 생긴 ADHD는 아닙니다. 어릴 적부터 앓았는데 주변에서 발견하지 못했거나, 본인도 원래 그런가 보다 하고 불편함을 안고 살아온 것입니다. 수업 시간에 가만히 못 앉아 있고 사람들과 맨날 싸울 정도의 과잉행동이 없다면 치료받지 않은 경우가 더 많죠. 치료를 받지 않아도 자라면서 ADHD가 그냥 좋아지는 사람들도 있긴 있습니다. 남들이 보기에도 부산스럽고 활동이 많은 과잉행동은 대부분 좋아져요. 5분 뒤 후회할 행동을 하거나, 남의 말을 자르는 것 같은 미세한 충동성은 어른이 되어도 남아 있는 경우가 많답니다. 물건을 잃어버리거나 난독증, 일을 시작은 했는데 끝내지 못하는 경우가 많습니다. 이런 ADHD는 대부분 기질적으로 타고난 것으로 3~6세 정도부터 증상이 나타납니다. 그 나이 어린아이들이 어른만큼 집중력 있어야 하는건 아니지만 또래보다 심하게 집중이 안 되고, 멍 때리거나, 충동성이 심해 대인관계를 못하는 경우가 있습니다. 우리나라에서는 학교에 들어가는 무렵인 만 6세부터 약물치료를 할 수 있습니다. 미국에서는 만 3세부터 처방이 가능한 약물도 있으니 ADHD는 굉장히 어릴 때 생기는 경우가 많습니다.

즉, ADHD가 대인공포증보다 먼저 오는 경우가 많습니다. 중요한 점은 ADHD인 사람이 보통 사람에 비해 대인공포증이 더 많다는 겁니다. 일반 어른이나 청소년의 대인공포증은 7퍼센트인 반면 ADHD인 사람의 대인공포증은 15퍼센트가 넘습니다. ADHD의 여러 증상 중 부주의나 산만함보다도 충동성이 오히려 대인공포증과 관련이 많습니다. 초등학교 저학년쯤 된 ADHD 아이들은 수업 시간에 딴짓을 하고 손톱을 뜯거나 다리를 달달 떨고 돌아다니는 경우가 많아요. 놀이터에서 갑자기 다른 아이의 장난감을 뺏기도 하고요. 그런 행동을 하면 주위 어른들이 그 아이를 좋아할까요? 많은 사람들이 그 아이를 나무랍니다. ADHD라고 병원에 데려가면 다행인데 기질이나 성격으로 오해받고 버릇을 고치려고 합니다. ADHD 아이들은 맨날 혼나는 겁니다. 남들 앞에서 혼나다 보면 점점 위축되고 눈치를 봅니다. 친구들 이야기에 불쑥 끼어들거나 남의 말을 듣지 않고 자기 말만 많이 해서 따돌림을 당하는 경우도 많습니다. 모든 ADHD 아이들이 그렇지는 않지만, 많은 연구 결과 ADHD 아이들은 왕따의 희생자가 될 가능성이 높습니다.

대인관계의 어려움이 반복되면 사람들 앞에서 자신감 없는 아이로 자라나기 쉽습니다. 주눅 드는 겁니다. 또 한 가지 문제는 겉으로 봤을 때 주눅 들어 보이지가 않습니다. 오히려 다른 아이들보다 잘난 척을 많이 하는 것으로 보입니다. 그래서 더 혼냅니다. "너 그런 식으로 하면 다른 사람들이 싫어해." 이런 식의 메시지를 주게 되죠. 부모 마음도 이해가 갑니다. 부모들은 다들 우리 애가 다른 애들보다 이상한 것으로 튀거나 학교에서 늘 혼나는 게 싫으니까요.

ADHD 진단은 생각보다 쉽지 않습니다. 특히 부주의우세형 inattentive type 은 진료실에 스스로 걸어왔을 때도 진단하기 어려운 경우가 많습니다. 주변은 물론 본인도 굉장히 오랜 시간 ADHD임을 모르는 경우가 많습니다. 나는 그냥 하는 행동인데, 다른 사람들의 비난을 받다 보면 대인공포증이 생기기 쉽습니다. 무심코 말했는데 사람들이 나에게 무안을 줍니다. 쉽게 지겨워지는데 왜 멍 때리고 있냐고 합니다. 똑똑하고 창의성은 있는데 쉬운 부분에서 실수를 하니까 사람들은 성의가 없다, 노력을 안 한다고 오해하고 비난합니다. ADHD로 인한 상호작용의 문제가 쌓여서 결국 사회불안장애를 겪게 되는 경우가 많습니다. 일단 타인은 나를 안 좋게 평가할 것이라는 전제로 대인관계에 임합니다. 참 슬픈 일이지만 ADHD에게는 늘 있던 일이죠. 다른 사람들을 실망시키는 일을 더 이상 하고 싶지 않지만 쉽지 않습니다.

수줍은 기질, 상처받은 사건, 양육방식 등 다양한 이유로 사회불안장애가 생깁니다. 과거에 수치심을 느꼈던 기억을 지금 되돌리기는 어렵겠지만, 지금도 대인관계를 방해하는 특성이 존재한다면, 심지어 그게 치료하기 쉬운 질환이라면 개선하기 위해 노력해보는 것도 괜찮지 않을까요?

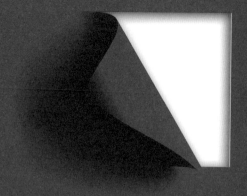

7장

일상의 수많은 일들을
미리 걱정합니다:

범불안장애

걱정의 보호효과,
당신이 걱정하는 것은 이뤄지지 않는다

범불안장애generalized anxiety disorder라니 낯설고도 참 무서운 이름입니다. 불안의 끝판왕 같은 이름인데, 정말 그럴 수도 있습니다. 범불안장애는 과도한 걱정이 하루 종일 계속되는 경우를 말합니다. 걱정이 많다고 누구나 범불안장애는 아닙니다. 걱정을 멈출 수 없어서 생활에 지장이 있는 경우를 말합니다. 걱정으로 몸에 이상까지 오는 것도 특징적인데요. 하루 종일 걱정을 멈추지 못하다 보니 긴장해 있고, 두통이나 근육통, 소화불량, 두근거림 등 신체 증상을 앓는 경우가 많습니다. 범불안장애 환자의 절반은 우울증을 함께 앓습니다.

　걱정이 꼭 나쁜 것은 아닙니다. 걱정을 해야 다른 사람에게 조심하고, 걱정하면 집중해서 계획을 실천할 수 있습니다. 모든 것은 적당하면 좋습니다. WHO에서는 건강을 위해 물 마시기가 필수적이고 심지어 70대에는 일곱 잔의 물을 마시라고 합니다. 하지만 그렇게 좋은 물조차 하루 3L 이상 마시면 병이 됩니다. 걱정이 너무 적어도 생존에 문제가 되지만, 너무 많을 때도 병이 됩니다. 하지만 아시죠? 적당한 것이 가장 어렵습니다.

왜 걱정을 반복하는 것일까

범불안장애를 앓는 사람들이 바보라서 계속 똑같은 걱정을 반복하는 것이 아닙니다. 저도 걱정이 상당히 많은 편이라서 '나, 범불안장애 아냐?'라고 생각한 적이 있습니다. 좋게 말하면 풍부한 상상력, 나쁘게 말하면 과도한 걱정으로 심심하다는 생각을 해본 적이 거의 없습니다. 저는 아버지가 암으로 돌아가셨을 때 암으로 돌아가시는 상황을 걱정하지 않아서 이런 상황이 벌어졌다는 생각을 한 적이 있습니다. 어렸을 때 아버지가 늦게 오시면 혹시 교통사고를 당하거나 강도를 만났을까 봐 걱정했을 뿐 대대로 장수하는 집안이라 암 같은 것은 걱정한 적이 없거든요. 제가 암에 대해 걱정을 하지 않았으니 그게 문제라는 죄책감을 갖게 되었습니다. 물론 환자가 저에게 이런 이야기를 했다면 "아버지가 돌아가신 상황에서 슬픔을 느끼면서 생긴 과도한 죄책감인 것 같습니다. 걱정을 한다고 일어날 일이 안 일어나고, 없을 일이 생기겠습니까?"라고 했겠지만 말입니다. 중이 제 머리 못 깎는다고 죄책감을 겪다 보니 그런 생각을 하게 되었습니다.

걱정하느라 뭘 못하지는 않으니까 저를 범불안장애로 진단하기는 어렵다고 봅니다만 '걱정이 나쁜 일을 예방한다'라는 식의 생각은 범불안장애에서 자주 보입니다. 끊임없이 걱정하는 사람들은 걱정을 통해 미래를 대비할 수 있다는 무의식이 있습니다. 걱정을 해야만 극단적으로 안 좋은 일을 피해갑니다. 혹시 내가 걱정하지 않는 부분이 있다면 그게 도리어 문제를 일으킬 수 있다고 생각합니다. 그렇게 걱정을 하다 보면, 이렇게 걱정 많은 내 자신에 대해서 또 걱정합니다. 그 와중에도 걱정하는 내 자신마저 걱정하는 것을 메타불안meta-worry이라고 합니다.

걱정한다고 미래를 바꿀 수 있다는 생각, 비극을 막을 수 있다는 바람을 끊어내기 위해서는 메타불안을 먼저 끊어내는 것이 쉬울 수 있습니다. 걱정하는 내 자신까지 걱정하지 마세요. 걱정 많고 쉽게 불안해하는 사람들 어차피 타고납니다. 걱정

많다고 내 자신이 어떻게 되지도 않고, 반대로 걱정 없이 산다
고 무지 행복하지도 않습니다. 걱정하는 내 자신마저 걱정하면
불안은 점점 더 심해지거든요. 그냥 내버려두세요. 좀 걱정하
면 어떻습니까. 걱정 자체에서 벗어나려면 걱정한다고 안 이뤄
지는 것도 아니고 걱정 안 해도 괜찮다는 것을 받아들여야 합
니다.

어디까지 걱정을 하는 게 맞을까?

걱정 많은 사람들은 남의 몫까지 걱정합니다. 열심히 잘 다니면서도 회사에 피해를 줄까 염려합니다. 당신이 열심히 하는 인재인지 자르고 싶은 눈엣가시인지는 잘 모르겠습니다만. 정말 피해를 줄 정도의 존재라면 그건 팀장과 같은 중간관리자 또는 고용주가 고민해야 할 문제가 아닐까요? 난 내 위치에서 최선을 다하면 되고, 남의 고민은 남에게 맡기세요. 피해를 준다는 입장은 처음부터 내 입장의 생각이 아닙니다. 미움을 받는다거나, 피해를 주는 존재라는 생각은 너무 광범위해서 자기발전을 이룰 수 있는 생각도 아닙니다. 당신이 무조건 옳다는 것이 아닙니다. 언제나 옳은 사람은 없습니다. 남의 입장에서 생각하는 포괄적 가정은 도움이 되지 않는다는 얘기입니다. 피해를 주는 존재, 골칫거리와 같이 남의 입장에서 나를 비난하는 가정으로는 문제를 해결하지 못합니다. 생각할수록 답이 없기 때문이죠.

진료 시 약을 바꾸자고 할 때 간혹 걱정스러운 대답이 돌아옵니다. "바꾼 약이 잘 안 들으면 어떡하죠?" 그건 의사가 해야 할 걱정입니다. 어떤 환자는 "상담할 때 이런 말 해도 돼요?"라는 염려도 합니다. 참 고마운 일입니다. 진료비도 잘 내고 의사한테 폭언을 하는 것도 아니면서 의사 걱정까지 해줄 필요 없습니다. 의사가 걱정할 부분입니다. 얼굴만 보고 약 지어오면서 진료비를 내는 것이 아까울 수도 있지만 그건 전문의가 십몇 년 이상 공부한 경험과 더불어 대신 걱정하는 것에 대한 비용입니다. 진료비를 지불하면서 의사가 할 걱정까지 대신 해준다면 억울하지 않습니까. 의사와 환자 관계의 예를 들었습니다만 다른 분야에서도 남의 걱정까지 해주는 사람들이 너무 많습니다. 다른 사람이 실망하거나 다른 사람이 고민할 부분인데도 상대방의 감정까지 내 책임인 것처럼 생각합니다.

차라리 '내가 너무 말을 생각 없이 하는 사람이 아닐까?', '나는 남들보다 불성실한 것은 아닐까?', '진심은 그렇지 않은데 남의 말을 자주 끊고 끼어들게 되는데 고칠 수 없을까?' 이렇게 자신의 입장에서 구체적으로 걱정하는 것이 낫습니다. 걱정을 막는 것이 아니라 의미 있는 걱정을 하는 것이 중요합니다. 걱정이 든다면, 이게 정말 내 몫이 맞는지 점검해보면 좋겠습니다. 앞서 말한 예와 같이 걱정해야 할 의무를 짊어질 사람이 따로 있는 경우가 많습니다.

수술을 앞두고 걱정하는 사람을 떠올려봅시다. 많은 사람들이 수술이 잘될지 걱정합니다. 의사로서 참 신기합니다. 수술이라는 것은 의사가 하는 일이고 환자 입장에서 스스로 할 수 있는 일이 없습니다. 전날부터 병동에서 수술을 위해 준비하고 수술실에 내려가면 간호사가 준비하고 마취통증의학과 의사가 마취를 하고 비로소 수술을 집도할 의사가 시작합니다. 환자는 마취된 채로 잠자다 일어나면 수술이 끝나 있습니다.

의사가 잘해야 하는 것이지, 환자가 잘해야 하는 것이 아닙니다. 수술이 잘되기를 바라는 것과 내일 여행 가는데 비가 오지 않기를 바라는 것은 다릅니다. 단순히 운명에 맡기는 일이 아니라 다른 인간이 잘해야 잘되는 일입니다. 물론 갑자기 수술실에 정전이 되거나 환자가 특이 체질이라 마취에서 못 깨어나는 것 같은 돌발상황을 걱정한다면 얘기가 좀 다릅니다. 그것은 벼락 맞을까 봐 비 오는 날 밖에 나가지 못하는 것과 같으니까요.

우리 의사들도 문제가 있습니다. 의료법 때문인지 환자에게 겁을 줍니다. 의학이 최악의 결과를 생각하고 대비해야 하는 학문이긴 합니다. 저도 환자에게는 최악의 가능성을 설명하라고 배웠습니다. 시간이 부족하다 보니 최악의 가능성은 자세하게 설명하면서도, 환자의 불안을 이해하지 못하고 궁금함에는 막상 건성으로 대답하는 태도 때문에 환자들의 불안이 커지는 겁니다. 수술 후 통증과 같은 부작용 등 안 좋은 결과를 감당하는 것은 온전히 환자 몫일 수 있기에, 비극적인 일이 일어나지 않기를 바라는 마음은 이해합니다.

애초 수술을 받을지 말지 고민하거나, 어떤 병원에서 할지 선택하는 과정에서는 충분히 정보를 수집하거나 고민하는 과정이 필요합니다. 하지만 이 과정에서 너무 많은 정보로 인해 걱정이 많아지는 경우를 봅니다. 정보가 많다고 반드시 더 좋은 판단을 하는 것은 아닙니다. 잡음noise과 신호signal를 구별하는 것이 중요합니다. 영어로 굳이 다시 쓴 이유는 심리학책이나 제가 실제 환자들에게 설명할 때도 그냥 노이즈, 시그널 이렇게 표현하기 때문입니다. 판단을 내리는 데 중요한 신호는 병원에서 들은 설명, 실제로 같은 수술을 경험한 사람의 이야기입니다. 잡음에 해당하는 것은 인터넷에 누가 올렸는지도 모르는 극단적으로 안 좋은 경험, 다른 경쟁자가 올린 의료진에 대한 비방 등이 있습니다. 좋은 정보는 출처가 명확합니다. 눈에 불을 켜고 수술에 대한 부작용만 찾는다면 그것만 눈에 들어옵니다. 잡음을 걷어내고 신호를 찾는 훈련은 어렵습니다. 자기 상황에 대해서 객관적인 사람은 별로 없기 때문입니다. 수술에 대한 것을 예로 들었지만, 많은 결정의 상황에서 잡음이 존재합니다. 인생의 결정은 절대 다수결이 아닙니다. 의견을 제시한 사람이 누구냐도 중요합니다. 인터넷 카페에서 전혀 모르는 익명의 글쓴이 1명의 의견과 나를 수술할 의사 1명의 의견을 내가 똑같이 취급해야 할까요? 물론 다른 의사나 실제로 수술을 받아본 친구, 인터넷 검색이라고 해도 100이면 100 절대로 하지 말라고 말리는 수술이라면 그건 고려해봐야 합니다.

잡음과 신호 구분하기

연애나 결혼, 진로에 있어 남들과 상의하는 경우도 마찬가지입니다. 평소 나를 위해주고 친하게 지내던 1명의 의견이 다수의 의견보다 중요합니다. 직장 동료한테 청첩장을 건넸더니 "결혼할 사람이 방송 쪽 일해요? 방송계 사람들 출장도 잦고 불규칙적이라는데 힘들겠네요."라고 툭 던진 말은 단지 잡음입니

258
—— 2부 남들보다 조금 더 불안을 느끼는 사람들

다. 어쩌라는 건가요? 겉으로는 위해주는 것 같지만 독이 되는 이런 말은 결코 우리가 결정하는 데 필요한 신호가 아닙니다. 그동안 내가 연애하는 과정을 보던 친구도 아니지 않습니까. 오랫동안 연락을 유지하던 친구와 나와 경쟁관계에 있는 직장 동료의 말이 똑같은 무게를 가진다고 볼 수 없습니다.

잡음과 신호를 구별하기 어렵다면, 어떤 말이나 정보에 대해서 1년 후에도 기억할지, 10년 후에도 생각날지 생각해보면 됩니다. 오랜 시간이 지난 후에도 기억을 할 만한 의미 있는 정보를 갖고 판단하는 것이 쓸데없는 걱정을 줄이는 데 도움이 됩니다. 상처되는 말도 오랫동안 기억에 남을 수 있습니다. 툭 던진 말이 오래 기억에 남는다면 단순한 잡음이 아니라 중요한 신호입니다. 그 말을 듣고 의사 결정을 하라는 이야기가 아닙니다. 말 한 사람을 조심하고 피해야 한다는 판단의 근거가 될 수 있겠습니다.

또 하나 중요한 것은 고민의 시기입니다. 이왕 고민할 것이면 차라리 결정하기 전에 고민하는 것이 낫습니다. 수술을 받기로 결정한 후에 하는 고민은 사실은 후회입니다.

'왜 수술을 하기로 결정했을까? 잘못될까 걱정된다'라는 말을 풀이해보면 '왜 나는 수술을 하지 않을 수도 있는데, 수술에 필요한 검사를 하고 비용을 지불했을까?'라고 자신의 결정에 대해 후회하는 것과 같습니다. 수술 전날 입원까지 해서 걱정을 한다면 그건 실제로는 미래에 대한 불안이 아니라 과거에 대한 후회이기 때문에 더 고통스럽습니다.

음식을 다 준비해놓고 맛이 없을까 봐 걱정할 필요 없습니다. 다른 레시피로 할 걸 후회할 필요도 없습니다. 맛이 없으면 안 먹거나, 맛보다는 당신의 정성을 중요하게 생각한다면 참고 먹겠죠. 나는 맛을 내려고 최선을 다한 것 아닙니까?

남 걱정까지 해주는 사람이 의외로 권위적이라는 논문도 있습니다. 모든 상황을 내가 계획하고 통제해야 하기 때문이라고 합니다. 어떻게 생각하세요? 이 세상에서 당신의 존재는 소중하지만, 모든 상황에서 그렇게 압박과 책임을 느낄 필요는 없습니다.

불안 제대로 표현하기

내가 의사결정을 하기 위한 중요한 정보인 신호, 오히려 방해가 되는 잡음을 구별하는 것이 어렵다면 일단 다른 사람들에게 표현하는 것도 방법입니다. 누구에게든 걱정을 명확하게 표현할수록 도움이 됩니다. 그래서 제가 생각·감정·행동을 한 번쯤 구별하고 정리하는 것이 중요하다고 말씀드렸는데요. 불안한 감정만 반복해서 표현하는 것이 아니라 거기에 따라오는 생각을 함께 표현할 때 그걸 듣는 다른 사람들도 더욱 잘 도와줄 수 있지 않을까 싶습니다.

사장이나 수술할 의사에게 따뜻한 위로를 받으려고 감정을 표현하지는 않습니다. 수술이 잘 될까 불안하다면 "이 수술이

잘못될까 봐 걱정이에요."라고 단순히 감정을 표현하는 것은
별 의미가 없습니다. 의사와 마음을 나누며 친해지고 싶은 것
은 아니지 않습니까. 그보다는 "이 수술의 가장 흔한 부작용은
무엇인가요?" 이렇게 질문하는 것이 낫습니다. 저도 의사인데
도 진료를 받으러 가면 걱정되고 떨려서 질문을 까먹기 때문에
스마트폰에 적어가는 경우도 있습니다.

불안을 구체적 언어로 전달하는 법

회사생활에서 윗사람과의 관계가 뭔가 삐걱거리고 내가 잘못
한 것이 걱정되는 사람이 있습니다. 그런 불안을 해소하기 위
해 "오늘 회의에서 제가 제대로 못했을까 봐 걱정돼요." 이런
식으로 감정을 전달할 필요 없습니다. 친구 사이가 아니고 위
로를 바랄 수도 없으니까요. 질문을 잘하는 것은 쉬운 일이 아
닙니다. 유발 하라리도 좋은 질문을 하기 위해서 책을 쓰는 것
이라고 했을 정도니까요. 좋은 질문을 하기 위해 중요한 것은
'계획'입니다. 충동성이 꼭 뭘 집어 던지고 성질내는 경우가 아
니라 1분 뒤에 후회할 말을 한다면 그것도 충동성 때문입니다.
공적인 관계에서는 상대방의 감정을 예측하고 맞는지 확인하

려고 질문하는 것이 아닙니다. 나의 불안을 표현하기에 질문의 형식이 그나마 낫기 때문입니다. 윗사람 표정이 굳어 있다고 "팀장님 기분 안 좋은 일 있으세요?"라는 질문은 진심으로 팀장님을 염려하는 것이라면 몰라도, 내 불안감을 해소하기에 유용하지 않습니다. "팀장님 혹시 저 때문에 실망하셨어요?"가 조금은 낫겠지만 간혹 아랫사람 앞에서 기분이 상했다는 감정조차 인정하기 어려워하는 사람도 있습니다. "제가 처음 들어올 때보다는 나아지고 있나요?" 또는 "제 나름대로 열심히 하고 있지만 고칠 게 있을까요?"라고 자신의 고칠 점을 구체적으로 물어보는 것이 낫습니다.

친구나 연인, 가족은 조금 다릅니다. 위로, 공감, 내 감정이 합당한지 점검하기 위해서 걱정을 표현합니다. 우리는 서로의 마음속에 들어갈 수 없습니다. 찡그린 표정과 날카로운 목소리를 들으며 '아 저 사람 불안하고 짜증이 나 있구나'라고 이해할 수 있는 사람은 없습니다. 상대방 역시 불쾌감을 느끼는 것이 먼저 아니겠습니까. 무엇이 불안한지에 대해 명확히 이야기할수록 남들이 제대로 공감을 할 수 있습니다. 어린아이가 울 때 우리는 이유를 모르면서 일단 얼르고 달래야겠다는 생각을 합니다. 우는 아기를 보듬고 무조건적 사랑을 하는 부모도 있을 것입니다. 하지만 어른 사이에서 일방적인 애정을 원하고 주기만 한다면 건강한 관계가 되기 어렵습니다. 서로가 지칩니다.

주변 사람들에게 불안을 표현할 때도 검색어를 쳐보는 것처럼 연습해볼 필요가 있습니다. 구글이나 네이버에는 서운할 일이 없으니 한번 해보면 됩니다. '불안해 죽겠어요'라고 검색어를 입력하면 좋은 정보를 얻을 수 없습니다. '월세 만기 전에 주인이 2개월 일찍 나가달라는데'라고 하면 그것이 계약 위반인지, 앞으로 어떻게 대처해야 하는지 구체적인 정보를 얻을 수 있습니다. '학부모 모임에서 주의할 점'과 같은 식으로 검색하지 않습니까? 명확한 이야기라는 것은 몸에 감도는 알 수 없는 불쾌감을 언어화한다는 의미입니다. 그냥 불안해, 걱정돼, 라고 하면 몸이 두근거리거나 식은땀이 나게 됩니다. 즉 몸이 말하는 부분이 늘어나게 됩니다. 그 부분을 줄이고 감정을 말로 만드는 것이 중요합니다.

걱정 전환하기

정신과 의사를 15년 넘게 하다 보니 몇 년 동안 만나게 되는 환자들도 있습니다. 불안장애의 경우 괜찮아져서 잘 지내다가 몇 년 만에 다시 찾아오는 경우도 많습니다. 새로운 어려움이 있을 때마다 상의하는 사람도 있고, 반복되는 이야기를 하는 사람들도 있습니다.

정신과에 다시 찾아오긴 하지만 그사이 발전했다는 것을 느낄 때가 많습니다. 안 좋은 일을 혼자 극복하지 못해 다시 정신건강의학과에 찾아왔는데 그게 무슨 성장이냐고요? 예전과는 다른 종류의 걱정으로 고통받기 때문입니다.

남편이 암을 진단받고 홀로 남을까 봐 걱정하는 환자가 있었습니다. 아버지 때문에 아이가 힘들어할까 봐 걱정된다고 했는데, 아이의 불안을 줄이기 위해서는 엄마가 마음을 잡는 것이 중요하다 이야기했고 치료 후 좋아지셨습니다. 항암치료까지 마친 남편은 잘 지내고 있었습니다. 그 아이는 잘 자랐고 재수하게 되었을 때 저를 찾아왔습니다. 더 힘든 일을 잘 극복했더라도 사람들은 지금 내 눈앞에 놓인 걱정이 가장 크기 때문에 이전 일은 별일이 아니라고 생각하고 지금이 가장 힘들다고 생각합니다.

'남편 항암치료에 아이까지 재수를 하다니 내 인생이 힘들다'라고 생각한다면 힘든 일이 연달아 일어났다는 사실에만 초점을 맞추게 됩니다.

'남편이 항암치료할 때 병간호도 잘했는데, 재수생 뒷바라지를 내가 못하겠어?'라고 내가 잘 극복한 것, 무능한 사람이 아니고 의미 있는 삶을 살았다는 자기효능감에 집중한다면 더 쉽게 나을 수 있습니다. 내가 얼마나 대단한 사람인지 잊을 때도 있지만, 어려움을 극복해본 사람은 다른 어려움에 부딪혀도 쉽게 나을 수 있습니다. 몇 년 있다가 재발했다고 치료를 괜히 받은 것도 아니며, 힘든 기간을 더 줄이고 빨리 해결할 때 삶의 질이 높아진다는 것을 본인도 알고 있는 경우가 많습니다. 힘든 일이 많았던 사람이라면, 지금까지 잘 이겨내왔다면 너무 걱정하지 마세요. 삶에 어려움이 닥치지 않는다고 보장할 수는 없지만, 잘 이겨냈다는 기억으로 인해 더 잘 극복할 수 있습니다.

이런 경우와 달리 같은 일에 계속 집착하며 시간이 흘러도 스트레스받는 경우가 더 안타깝습니다. 아직 해결되지 않은 일이라면 모를까, 이미 지나간 일에 대해서 곱씹고 계속 후회를 하는 경우인데요. 그 돈으로 다른 곳에 집을 샀어야 한다, 다른 학교를 선택했어야 한다 등 자기가 한 선택에 명백한 대안이 존재할 경우 이런 후회가 오래가는 경우가 많습니다. 후회는 걱정으로 이어집니다. 앞으로도 내가 잘 선택하지 못할 것이라는 불안에 시달립니다. 이런 식의 되새김질은 불안보다도 우울증 쪽의 증상에 더 가깝긴 합니다. 이런 분들은 지나간 일을 마치 앞으로 닥칠 일처럼 걱정합니다. 지나간 일이니까 '후회'가 맞는데 마치 미래의 일처럼 '걱정'합니다. 후회를 하면서도 그 순간에는 이게 후회라고 인식을 하지도 못합니다. 몇 년 뒤에 찾아와도 같은 이야기를 하는 게 안타깝습니다. 거꾸로 생각하면 그때의 선택 말고는 크게 안 좋은 일이 없었기 때문에 과거에 집착하는 것이기도 합니다. 지금 생활이 어떠냐고 하면 문제가 없습니다. 하지만 내가 잘못했다는 생각 때문에 불안한 것이라서, 오히려 잘 극복했다는 자신감을 얻기가 더욱 힘듭니다. 힘든 일이 없다고 덜 불안한 것이 아닙니다.

지겹게도 같은 후회를 반복하는 경우 일단 그 늪에서 빠져나와야 합니다. 그 후회를 다른 사람들에게 이야기하기 어렵더라도 일단 누군가에게 터놓기를 권해드립니다. 결혼을 후회한다고 배우자에게 이야기하면 안 되겠지만, 친구에게는 이야기해볼 수도 있습니다. 대안을 택했을 경우 정말 행복했을지에 대해서 다른 사람의 의견을 들어보는 것도 필요합니다. 실제 그 대안이 그렇게 대단하지 않은 경우가 많습니다.

그래도 괜찮아지지 않는다면 다른 걱정거리를 하나 생각해보자고 합니다. 그 걱정은 지난 일이 아니라 순수하게 앞으로의 일에 대한 것이어야 합니다. 그런데 이렇게 또 일부러 만들어보려고 하면 잘 떠오르지 않습니다. 누누이 말했듯이 걱정 많고 우울한 사람에게 "긍정적으로 생각해." 또는 "다 내려놓아.", "생각하지 마."와 같은 말은 정말 도움되지 않습니다. 그게 좋은 거 누가 모릅니까. 잘 안 되니까 그러는 거죠.

나쁜 것을 좋은 것으로 바꾸지 못하면 나쁜 것을 덜 나쁜 것으로 일단 바꿔보는 겁니다. 어차피 안 좋은 감정인데 굳이 다른 걱정으로 억지로 옮겨갈 필요가 있느냐고요? 어떤 걱정을 하든 심장이 두근거리는데 도대체 뭐가 다르냐고 생각할 수도 있지만 그렇지 않습니다. 일부러 걱정하고 후회를 할 때 발생하는 그 두근거림을 유발해보는 것은 몸의 착각을 바로잡는 데 도움이 됩니다. 불안은 적어도 미래를 향한 것이어야 합니다. 과거를 돌아보며 불안해하고 있다면, 차라리 미래에 대해서 불안해하는 것이 낫습니다.

흙탕물이 오래 담겨 있던 컵이 있습니다. 그 물을 먹을 수는 없겠죠? 흙탕물 담긴 컵을 처음부터 먹을 만한 깨끗한 생수로 채우려고 한다면 어렵습니다. 흙탕물을 따라내도 컵에는 찌꺼기가 남아 있습니다. 그럴 때는 비눗물로라도 일단 씻어내야 합니다. 비눗물이 담겨 있으면 어떻습니까? 그것도 못 먹기는 마찬가지죠. 그래도 오래 담겨 있던 흙탕물의 찌꺼기는 적어도 씻겨 내려가지 않겠습니까.

다른 걱정거리를 만드는 것도 좋은 방법

집착하던 주제에서 벗어나기 위해 다른 걱정을 만들어봅시다. 어르신들이 잘하는 나라 걱정을 하는 것도 괜찮습니다. 우리나라가 망할 만한 요소가 그렇게 많은 줄 몰랐는데, 찾아보면 꽤 있습니다. 내가 지금 사는 집에서 쫓겨나 거리에 나앉게 될 가능성을 상상해봅시다. 물론 이런 상상력이 작동하지 않는 사람들도 꽤 있습니다. 그래서 감정 조절이나 두뇌의 인지적 실험을 위해서는 어린 시절부터 독서가 중요합니다. 지금 이걸 돌이킬 수는 없습니다. 처음에는 어려워도 연습하면 할 수 있습니다. 어려울 것 없습니다. 걱정하던 최악의 상황과 다르다는 것이 중요합니다. 즉, 원래 집착하던 분야와는 거리가 먼 걱정을 해볼수록 좋습니다. 즉 투자의 기회를 놓친 것이 아쉬운 사람에게는 건강에 대해서 걱정해보라고 합니다. 투자를 잘못했다고 아쉬워하는데 빈곤을 걱정해보라고 하면 안 됩니다. 당신을 둘러싼, 당신이 무시하고 있는 불안의 요소들을 생생히 느껴보면 집착했던 것과는 거리가 조금 멀어지는 것을 느낄 수 있을 것입니다.

8장

원하지 않는
생각과 행동을 반복합니다:

강박 스펙트럼 장애

강박증이라는 말 많이 들어보셨을 거예요. 어떤 일에 집착을 보이고 생각에서 빠져나오지 못할 때도 "너 강박증이야?" 이렇게들 말합니다. 교과서에서는 강박증이라고 부르지 않고 강박스펙트럼장애라고 부릅니다. 스펙트럼이라는 것은 좀 더 넓은 범위를 포함하는 개념입니다. 강박은 일반인에게서도 널리 관찰되지만, 과도할 경우에는 질병으로 진단할 수 있고 또 그 증상이 굉장히 다양한 모습으로 나타나기 때문입니다. 굳이 다른 질환에서는 어떤 증상이 있는지 설명하지는 않으면서도 강박증에 어떤 종류가 있는지 이야기하는 까닭은, 강박스펙트럼장애의 원리나 정의부터 시작해 차근차근 이해하는 것보다는 여러 종류의 예시를 접하면서 '이런 것도 강박이었어?'라고 할 때 더 이해하기 쉽기 때문입니다.

오염 강박

가장 흔한 강박은 오염에 대한 것입니다. 이건 다들 잘 알고 계시죠. 병균에 감염되었을까 걱정하는 생각, 그런 강박사고를 해결하려고 손을 끊임없이 씻는 강박행동을 하지요. 감염에 대한 두려움 때문에 다른 사람의 침 같은 것이 묻었을까 봐 공중화장실을 사용하지 못하거나 버스 손잡이를 잡지 못하기도 합니다. 두려워하는 균은 사람마다 다릅니다. 이상하게도 독감같이 흔한 병균 또는 결핵균처럼 공기 중 방울^{droplet}을 통해 감염되는 균은 걱정하지 않으면서 후천성면역결핍증^{AIDS}과 같이 드물고, 일상생활에서 감염되기조차 힘든 성병을 걱정하는 경우가 꽤 많습니다. 균에 감염되어 병을 앓는 것보다 혹시 사회적 인식이 더 두려운 것은 아닐까요? 코로나19와 같이 사회 전체적으로 생활을 바꾸는 질병이 한번 지나가면 바이러스에 대한 공포는 더욱 오래 지속될 것입니다. 그런 감염병이 유행하는 상황에서는 정상과 비정상이 뒤바뀌기도 합니다.

미세먼지나 중금속 등 오염물질을 두려워하는 경우도 있습니다. 신기한 것은 자기가 두려워하는 것만 엄청나게 무섭고 나머지는 별로 관심이 없다는 거죠. 예를 들어 밖에서 묻어온 바이러스나 박테리아가 두렵다고 하는 사람은 미세먼지 같은 건 당장 전염되는 병도 아닌데 사람들이 왜 그렇게 신경 쓰는지 모르겠다고 합니다. 손은 까질 정도로 씻으면서도 막상 머리는 일주일간 감지 않는 사람도 있습니다. 증상이 심할수록 내가 꽂힌 것만 중요하고 나머지는 남들보다도 신경 쓰지 않습니다.

확인 강박

두 번째로 흔한 것은 확인하는 강박인데요. 콘센트를 제대로 뽑지 않았는지 걱정해서 여러 번 확인합니다. 콘센트를 뽑지 않아 전기세가 많이 나오는 흔한 상황을 걱정하는 사람은 거의 없고요. 대부분 불이 나는 것과 같은 가능성 낮고 극단적 상황을 걱정합니다. 사실 누진세 폭탄이 더 흔한 일인데도 말이죠. 정리하자면 불이 날까 봐 걱정되는 강박사고 때문에, 콘센트를 여러 번 확인하는 강박행동을 합니다. 오염에 대한 강박과 공통점을 찾으셨나요? 즉 강박사고는 불안을 높이고, 강박행동은 불안을 낮추는 역할을 합니다.

확인하는 강박증도 시대 및 환경과 관련 있습니다. 예를 들어 문단속에 대한 강박은 예전보다 많이 줄었습니다. 열쇠보다 번호키가 많기 때문입니다. 예전에 열쇠 구멍에 넣고 돌려서 잠그는 열쇠일 때는 정말로 문단속을 했는지 밤새 확인하는 사람들이 많았거든요. 가스 밸브에 대한 강박도 줄어든 추세인데요. 가스 폭발 사고가 전보다 적어진 데다가 인덕션이나 하이라이트 같은 전기레인지를 쓰는 집도 늘었기 때문입니다. 자신이 제대로 확인했는지 확신하기 위해 뽑은 콘센트를 스마트폰으로 찍은 후 집을 나오는 형태도 새로운 강박행동입니다.

대칭 강박

네 번째로 흔한 것은 대칭에 대한 강박입니다. 이상하게도 저에게 오는 환자들 중에 대칭 강박으로 힘들어 하는 분은 거의 없는데요. 물건을 똑바로 놓아야 하고 삐뚤어진 것을 못 보는 것도 일종의 대칭 강박입니다.

수집 강박

다섯 번째로 흔한 증상은 물건을 버리지 못하고 수집hoarding하는 것입니다. 버리면 나중에 필요하게 될까 봐 불안합니다. 〈세상에 이런 일이〉에 나오는 사람들 중에 물건을 주워와서 집에 발 디딜 틈 없이 갖고 있는 사람들을 본 적 있을 겁니다. 조현병이라는 의견도 오가지만 강박증에도 흔한 증상입니다. 하지만 그런 강박증상이 꼭 순수한 강박증에서만 찾아오는 것은 아닙니다. 특히 물건을 버리지 못하는 수집벽은 치매에서 흔한 강박증상입니다. 특히 약물치료에 반응이 거의 없으며 행동치료가 더 효과적입니다. 본인이 허용할 수 있는 것부터 버리는 것을 일단 시작해야 합니다. 남이 버려주면 소용이 없습니다. 무엇을 버릴지 정하기 위해서 물건의 목록을 써오라고만 해도 저항이 심합니다. 오염 강박이나 확인 강박에 비해 치료가 어렵습니다.

증상의 빈도나 순위에 대해 모든 논문에서 똑같지는 않고, 가끔 순위가 바뀌기도 합니다. 어쨌든 저런 증상들은 흔하고, 잘 알려져 있기 때문에 요즘 보통 사람들도 이게 강박증상이다 정도는 알고 계신 경우가 많습니다.

첫 번째부터 다섯 번째까지 네 가지 증상만 이야기했는데, 그럼 세 번째로 흔한 증상은 무엇일까요? 바로 침투사고입니다. 원하지 않는 생각이 머릿속으로 들어오는 증상인데요, 이 부분은 따로 살펴보겠습니다.

침투사고, 이런 것도 강박증상이었어?

이런 것도 강박일까 싶은 증상이 바로 침투사고intrusive thought
입니다. 말 그대로 어떤 생각이 끊임없이 내 머릿속에 들어오
는 경우입니다. 원하지 않는 생각이 반복적으로 떠오릅니다. 그
생각의 내용은 평소에 나라는 사람이 할 수 있는 생각이랑 전
혀 다릅니다. 그래서 스스로 이런 생각에 대해서 이질감을 느
끼게 됩니다. '어떻게 내가 이런 생각을 할 수 있지?' 싶습니다.

　내 자신을 통제하지 못해 남들에게 피해를 줄까 봐 걱정하
는 경우가 가장 많습니다. 운전할 때 '내가 갑자기 앞차를 들이
받으면 어떡하지?'와 같은 걱정을 합니다. 가로수를 걱정하는
사람도 있고, 횡단보도에서 브레이크를 밟아야 하는 순간에 액

셀을 밟으면 어떡하나 하는 걱정이 흔합니다. 식칼을 쥐고 있는 상황에서 정신 줄을 놓아 남에게 휘두르거나 찌르는 경우도 상상합니다. 이런 상상은 마치 진짜 일어날 일처럼 이미지로 다가오기도 하니 괴롭습니다. 실제로 그런 일을 저지를 사람들은 이런 생각으로 괴롭지 않습니다. 남에게 피해주는 상황이 끔찍하다고 여기니까 이런 내용의 침투사고가 생깁니다. 남이 피해 입는 상황이 아무렇지 않은 사이코패스들은 오히려 이런 침투사고로 괴롭지 않습니다. 시험 시간에 내가 비명을 지르거나 욕설을 할까 봐 걱정하는 사람도 사실 그 시험이 자기에게 중요하기에 그런 걱정을 합니다.

침투사고는 내가 중요하게 생각하는 문제에 집중이 되어 있습니다. 그리고 원하지 않는 상황에 대한 내용입니다. 그런 생각을 한다고 해서 '실은 내가 원하는 것이 아닐까?'라고 착각을 하면 괴롭습니다. 생각으로 고통받다 보니 이걸 망상이라고 표현하는 분들도 있습니다.

성적인 내용의 침투사고도 흔합니다. 특히 금기된 관계에 대해 장면이 떠오르는 경우가 더 많습니다. 근친상간이나 어린 아이와 성관계 같은 걱정입니다. 자신이 동성애자일까 걱정하는 경우도 흔한데 동성애인 경우에는 오히려 이런 강박이 없습니다. 만약에 동성애자라면 동성과 만나면 되지 왜 괴롭겠습니까. 오히려 동성애를 꺼리는 극단적 이성애자의 경우 그런 걱정을 합니다.

실제 상황과 가까운 것에 대해서는 오히려 침투사고가 생기지 않습니다. 그럴듯한 생각이 아니니까 내 머릿속에 들어왔을 때 거부감이 심합니다.

사랑하는 사람들을 잃는 내용의 침투사고도 흔한데요. 부모님이 피를 철철 흘리며 끔찍하게 돌아가시거나, 아이가 다치거나 베이거나 찔리는 모습 등을 상상합니다. 그런데 신기한 점이 있습니다. 10대는 부모님이나 단짝 친구, 20대는 연인, 결혼한 경우 어린 자녀에 대해서 살해, 사고, 질병 등으로 죽는 상상을 하거나 이미지를 떠올린다는 점입니다. 이게 뭘 의미할까요? 정말 자기에게 가장 소중한 사람을 잃는 상황만 상상한다는 것입니다. 아기를 키우는 사람 입장에서 진짜로 내 자식이 죽기를 원하는 것이 아니라 이 세상 그 누구보다도 내 자식이 소중하기 때문에 관련 침투사고가 생기는 것이죠. 10대 시절과 달리 이제 부모님이 제일 잃기 싫은 사람이 아닙니다. 10대 때는 부모님이 죽는 상상을 하는 불효자식이었다가 30대에 효자 효녀가 된 것이 아닙니다. 반대로, 내 삶에서 부모님의 순위가 밀려났기 때문에 부모님에 대한 침투사고는 생기지 않습니다. 괴로움에 긍정적인 의미를 부여하자면, 잔인한 상상으로 괴로운 것은 아직 삶에 소중한 것이 많다는 증거입니다.

사랑하는 사람을 잃는 내용의 침투사고가 있을 경우 그 증상이 미래의 가능성에 대한 불안인지, 과거에 실제 경험한 트라우마로 인한 증상인지 구별하는 것은 실제 치료를 받을 때 무척 중요합니다. 온전히 과거에서 비롯된 것도 없고, 과거와 전혀 관련 없는 증상도 없겠지만 말입니다. 그래도 그 비중을 깨닫는 과정은 필요할 수 있겠습니다.

별의별 생각들의 공격

침투사고가 사라지지 않는 까닭은 너무나 끔찍한 생각이기 때문입니다. 용납할 수 없으니까 자꾸 억누릅니다. 관심을 가지지 않고 '별 희한한 생각을 다 하네'라고 넘어가면 되겠지만 자꾸 관심을 주니까 더 날뜁니다. 그런 생각을 그냥 흘려보내기는 무척 어렵습니다. 평소 바른 생활을 하는 사람일수록 '내가 어떻게 그런 생각을 할 수 있지?'라는 생각을 더 많이 합니다. 그런 허황된 생각을 하는 자기 자신을 이해하지 못합니다. 그러니 침투사고는 더 심해집니다. 하지만 생각은 뭐든지 할 수 있습니다. 생각은 아무도 해치지 않습니다. 세균에 감염되면

백혈구가 세균에 맞서 싸우고 열이 나는 등 염증 반응이 생깁니다. 세균 자체보다도, 우리가 세균을 방어하느라 벌이는 싸움 때문에 열이 나고 더 힘듭니다. 물론 그 싸움이 무의미한 것은 아니지만 때로는 우리 몸의 대처가 과해서 더 심하게 앓는 경우도 많습니다. 침투사고도 마찬가지입니다. 어떻게 보면 그 생각 자체는 별것 아닌데 거기에 저항하는 우리의 마음으로 인해 더 힘들어집니다.

인간은 어떤 생각이든 할 수 있습니다. 평소의 나와 다른 생각을 했다고, 금기에 가까운 생각을 했다고 놀랄 필요 없습니다. 내가 길 가던 사람을 때릴까 봐 100번 걱정하는 사람이 있습니다. 반면, 길 가던 사람을 실제로 한 번 때린 사람이 있습니다. 둘 중 누가 더 나쁜가요? 나쁜 것은 생각이 아니라 행동입니다.

남들과 다른 생각을 해서 **불안**

내 생각이 남들과 다르고 비난을 받을까 봐 불안한 것도 강박 증상 중에서 침투사고와 비슷한 맥락입니다.

"저는 남들이 알면 큰일 날 만한 생각을 해요. 요즘 사람들이 해서는 안 되고 도덕적으로 용납이 안 되는 생각을 하고 살아요. 제가 사이코패스인가 봐요."

이렇게 말하는 사람들은 사실은 착한 사람일 확률이 높습니다. 사회적으로 받아들이기 힘든 생각이 머릿속에 스쳐 지나가는 경우는 흔합니다. 우리 뇌는 하나의 우주입니다. 좋은 사람들과의 관계에서 느끼는 여유나 좋아하는 일에 몰입하는 순간처럼 아름다운 별이 빛나고 있습니다. 때로는 폭발이나 소행성

끼리의 충돌도 일어납니다. 예를 들어 불륜이나, 장애우를 멸시하는 생각 등을 잠시 했다고 해서 그런 생각이 바로 나 자신은 아닙니다. 실제 그런 행동을 하지 않습니다. 10대에게 잠시 성욕을 느낀다고 모두가 소아성애자는 아닙니다. 임신 중에 멋있는 남자를 보고, 외도에 대한 상상을 한다고 실행에 옮기는 사람은 극히 드뭅니다. 금기라는 것은 무엇입니까? 대부분 말이나 행동에 대한 것이지 생각이 금기는 아닙니다.

성경의 십계명에서도 가장 오해할 만한 부분이 '네 이웃의 아내를 탐하지 마라' 또는 '네 이웃의 재산을 탐하지 마라'라는 부분인 것 같은데요. 특히 기독교 신자들은 이런 생각 또는 신성모독에 대한 생각을 잠시 했다는 것만으로도 굉장히 불안해하죠. 하지만 잠깐의 생각을 용납 못하고 죄책감을 갖는다면, 과도한 죄책감으로 인해 그 생각이 더 오래 계속되지 않을까 합니다. 잠시 스쳐 가는 생각이나 느낌마저 속박하는 가르침이 있다면, 종교적이든 철학적이든 정신건강에 좋지 않은 것은 분명합니다.

누구나 잘못된 생각을 할 수 있다

인간의 본능은 강합니다. 누구든 이기적인 생각을 합니다. 계획하고 판단하고 이타적인 행동을 할 수 있는 뇌는 이기적인 본능을 담당하는 영역보다 나중에 발달했답니다. 《이타적 인간의 출현》이라는 책을 보면 인간이 이타적인 까닭조차도 그것이 결국 더 오랫동안 잘 살기 위함이지 남을 배려해서가 아닙니다. 인간은 당연히 내가 살 길을 먼저 찾습니다. 본능에 충실한 생각을 할 수밖에 없는데, 때로는 그것을 모르고 지나가기도 하고, 불안하고 예민해지면 그것을 알아채게 됩니다. 흘러가는 생각이 많아서 문제가 아니라 너무 자주 붙잡고 알아차리는 것이 더 문제라는 이야기입니다.

　잠시 스쳐 간 생각으로 스스로를 판단하거나 질책하지 않기를 바랍니다. 충분히 넘어갈 만한 그 생각에 '어떻게 내가 이런 생각을 할 수 있지?'라고 관심을 갖다 보면 그 생각이 오히려 커집니다. 악플보다는 무플이 효과적인데, 자꾸 그 생각에 악플을 다는 격입니다. 악플이라도 댓글이 많으면 그 기사는 메인 화면에 올라오지요? 생각도 마찬가지입니다. 그 생각에 대해 '이런 생각 왜 하는 거야?', '이따위 생각을 하다니 못돼먹었다', '앞으로 절대 이런 생각하면 안 돼'라고 하면 내 머릿속의 메인이 되어버립니다. 금지 자체도 관심입니다.

자신이 사이코패스일까 봐 걱정된다는 사람들이 많은데 진짜 사이코패스라면 그런 말을 할 리가 없습니다. 제가 만나 본 사이코패스들은 대부분 본인이 억울하고, 최선을 다했는데 오히려 주변 사람들이 나를 알아주지 않는다고 생각합니다. 스스로 사이코패스라고 걱정하는 자체가 자기 뒷모습을 보는 것만큼 모순적입니다.

건강염려증을 악화시키는 행동1

반복적인 검사 받지 않기

건강염려증은 강박증하고는 조금 다를 수도 있지만, 일맥상통하는 부분이 많으며 강박스펙트럼장애에 속합니다. 단순히 건강에 대해서 걱정한다고 건강염려증이라고 하지는 않습니다. 모든 불안장애가 그렇듯 건강에 대한 염려 때문에 생활에 지장이 있습니다. 건강염려증이 악화되는 과정을 보면 불안을 해결하려는 행동이 불안을 더 악화시킨다는 것을 알 수 있습니다. 즉 불안한 생각이 그다음 행동을 낳는 것이 아닙니다. 행동을 해서 그 생각이 더 심해집니다.

A씨는 고등학교 시절 아버지가 위암으로 돌아가셨습니다. A씨는 갑자기 아버지의 투병 과정, 임종, 남겨진 엄마가 힘들

어하는 모습을 보며 계속 불안했습니다. 이를 악물고 대학에 합격했고 좋은 회사에 취업했습니다. A씨는 과장이 되면서 원래 하지 않던 업무를 맡게 되었는데, 새로운 일을 배우느라 스트레스를 받으면서 소화가 안 될 때가 많아졌습니다. 뭘 먹어도 더부룩했습니다. A씨는 위암이 아닐까, 아버지처럼 위암으로 일찍 세상을 떠나게 될까 봐 걱정됐습니다. 아이들은 아직 어립니다. 휴일에 아이들이 노는 것을 보면서도 불안해집니다. 소화가 더욱 안되는 것 같습니다. 울렁거리는 일도 많아졌습니다. 소화제를 먹어도 나아지는 것은 잠시입니다. 건강검진에서 내시경을 해봤지만 위염 외에는 아무 이상이 없다고 하는데 혹시 오진이 아닌지 걱정이 됩니다. 최근에는 속이 쓰려 잠을 깨기도 했습니다. 인터넷에서 찾아보니 위염이 오래되어서 위암이 되었다는 이야기가 눈에 띕니다. 내시경을 다른 병원에 가서 다시 받았으나 안심이 되지 않습니다. A씨의 불안이 점점 심해집니다.

무한반복 염려증 멈추는 법

불안해지면 실제로 위장의 운동이 잘되지 않습니다. 소화가 안 되어 불안했다고 생각하지만, 불안해서 소화가 안되기도 합니다. 팔, 다리는 우리가 원하는 대로 움직일 수 있습니다. 반면 위, 폐, 심장과 같은 내부 장기들은 자율신경의 명령으로 활동합니다. '자율주행'이라는 단어에서처럼 '자율'이라는 단어는 조종하는 사람의 의지가 아니라 미리 정해진 법칙에 의해 움직이므로 자율입니다. 앞서 설명했듯 위급한 상황에서는 교감신경이 우세하므로 불안해집니다. 위, 장 같은 기관은 긴장하고 활동을 멈춥니다. 눈앞에 닥친 문제를 해결하고 살아남아야 하는 상황에서 내일을 위해 소화하고 영양분을 저장하는 활동에 에너지를 쓸 여력이 없습니다. 즉, 긴장하면 위가 평소처럼 활동하지 못해서 소화가 안 됩니다. A씨는 소화가 안 되어 불안하다고 하지만, 사실은 불안하니까 소화가 더 안 됩니다.

둘째, 신경을 쓸 수록 증상은 심해집니다. 긴장모드에서 교감신경이 과도하게 세지면, 몸의 여러 부위에 변화가 생기는데요. 실제로 A씨는 위장이 평소 약하기 때문에 소화불량 증상으로 나타나는 것입니다. 똑같이 불안해도, 어떤 사람은 머리가 아프고 어떤 사람은 가슴이 두근거리고, 어떤 사람은 화장실에 자주 갑니다. 체질적으로 위가 약할 수도 있고 아버지가 위암으로 돌아가셨던 기억 때문에 위장의 변화에 더 예민할 수 있습니다. 원래 관심을 가지면 증상은 더 심해집니다. 싫다고 하면 더 재밌어서 놀리는 개구쟁이들처럼요.

셋째, 검사를 반복해서 받으면 일종의 강박이 됩니다. 같은 증상에 대해 여러 번 같은 검사를 받으면, 불안이 더 심해집니다. 검사를 받은 후 얼마간은 불안이 줄어듭니다. 하지만 그 불안은 좀 있다가 다시 고개를 듭니다. 왜냐하면 검사를 받는 행위를 통해 불안을 유발하는 생각에 대한 믿음이 강해집니다. 즉 불안을 감소시키려고 애를 썼다는 것은 그만큼 불안이 두렵다는 것입니다. 검사를 받아서 잠시 안심하고 불안이 사라지는 순간을 몸이 기억합니다. 편해지고 싶습니다. 잠시 편해질 뿐인데도 또 검사를 받습니다. 검사를 받는 데 돈과 시간을 투자하는데, 인간은 누구나 투자하면 기대하기 마련입니다. 검사에 합당한 결과를 기대하는 것이 아니라 검사를 통해 마음이 편해지는 것도 기대합니다. 하지만 다음번에는 검사 후에도 더 빨리 불안해집니다.

넷째, 불안은 피할수록 심해집니다. 불안을 누르려는 행동을 할수록 불안은 심해집니다. 감정이 행동을 만들고 또 행동이 불안을 더 심하게 만드는 악순환의 고리에 들어가면 눈덩이처럼 불어납니다.

단순한 업무 스트레스 ⇨ 소화불량 ⇨ 아버지에 대한 기억 ⇨ 불안

⇨ 교감신경 항진으로 소화불량 악화 ⇨ 위암 걱정 ⇨ 위장관운동 더욱 저하 ⇨ 위식도역류 증상까지 생김 ⇨ 가슴이 아파서 깸 ⇨ 잠을 못 잠 ⇨ 불면으로 인해 더 불안 ⇨ 소화불량 악화 ⇨ 걱정이 되니 검사 받음 ⇨ 잠시 안심되나 다시 불안 ⇨ 소화불량 악화 ⇨ 위암을 다시 의심 ⇨ 반복적 검사 ⇨ 잠시 불안이 해소되었으나 저번보다 더 빨리 다시 불안해짐 ⇨ 소화불량을 긴장이 아니라 오진 등으로 해석 ⇨ 불안 ⇨ 소화불량 악화

위와 같은 무한반복 루프를 끊어내기 위해서는 감정을 다스리는 것보다 행동을 다스리는 것이 쉽습니다. 같은 증상을 갖고 검사를 여러 번 받지 않는 것이 가장 먼저입니다. 검사에도 내성이 있어서 처음에는 5만큼 안심했다면, 다음번에 똑같은 검사를 받으면 3만큼밖에 안심하지 못할 것입니다. 이렇게 불안한 사람이 마음을 다스리려고 해서는 안 됩니다. 행동을 바꾸는 것이 쉽습니다.

건강염려증인 분들에게 아무 검사도 받지 말고 무조건 안심하라고 말하는 것은 도움이 되지 않습니다. 교과서적으로도 검사가 필요한 경우가 있습니다. 요즘 공황장애에 대한 정보가 많아져서, 인터넷을 찾아보고 정신건강의학과에 먼저 오는 경우도 많습니다. 예전처럼 10년간 내과와 응급실에서 돈과 시간

을 낭비하다가 오는 분들은 거의 없습니다. 하지만 제대로 내과적 검사를 해보지 않고 공황장애라고 단정하는 것은 위험합니다. 20대에서 부정맥보다 공황장애가 10배쯤 더 많습니다. 그렇다고 공황장애라고 바로 진단을 내려도 되는 것은 아닙니다. 공황장애로는 절대 안 죽지만, 부정맥으로는 급사하는 경우도 있습니다. 1퍼센트의 가능성 때문에라도 한 번은 검사를 받는 것이 좋습니다. 갑상선기능항진증도 공황장애와 구별하기 어려운 경우도 있으므로 점검해보는 것이 필요합니다. 무조건적인 안심도 금물입니다. 의심도 합리적으로, 그리고 편안한 마음도 합리적으로 가져야 합니다.

건강염려증을 악화하는 행동 2
걱정에 대한 실제적 대처

"선생님, 공황장애도 유전될 수 있나요?"

물론 유전될 수 있습니다. 그렇다고 정신건강 문제가 염색체 유전 질환은 아닙니다. 우울, 불안, 치매뿐만 아니라 심지어 조현병까지도요. 혈액형이 결정되듯이 유전되는 것은 아니라는 이야기입니다.

모든 질환은 유전됩니다. 고혈압 잘 걸리는 집안에 고혈압이 많고, 관절염 많은 집에 관절염이 많습니다. 병만 유전되는 건 아니죠. 사람들이 이성의 외모를 보는 건 자녀의 외모가 괜찮을 확률이 높다고 보기 때문입니다. 외모, 성격, 건강, 습관 모두 유전됩니다.

건강관리에 있어 가족력을 고려하는 것은 매우 중요합니다. 즉 아버지가 위암으로 돌아가신 A씨의 경우 위암에 걸릴 위험이 실제로 남들보다 높은 것은 사실입니다. 저는 A씨가 위내시경을 다른 사람보다 좀 더 자주 해도 된다고는 봅니다. 검사를 받을 때에도 아버지가 돌아가신 이유를 의사에게 알리고 의사와 솔직히 상의해야 합니다. 이 의견에 대해서 반대하는 의사들도 있지만 검사를 할 때 참고해서 빨리 발견할 수 있다면 소중한 건강을 지킬 수 있다고 봅니다. 가족력이 있는 병에 대해서는 조심하는 게 당연하니까요. 물론 '가족력'은 혈연관계에 해당하며 배우자를 어떤 질병으로 잃었고 그 이후로 불안하다고 관련 검사를 더 자주 받는다면 그건 좀 비합리적이겠죠.

어머니를 유방암으로 잃은 안젤리나 졸리는 어머니와 같은 BRCA 유전자를 갖고 있어서 유방을 미리 절제하고 재건술을 받았습니다. 암의 원인 유전자가 밝혀지지 않은 경우가 대부분이지만 BRCA 유전자는 그나마 명확하게 유방암의 원인으로 밝혀져 있습니다. 90퍼센트의 확률로 유방암에 걸릴 수 있는 상황에서 안젤리나 졸리의 선택이 과도하지 않았다고 보는데 어떻게 생각하나요? 예방적 절제를 하면 암도 예방하며 재건성형이 쉽지만, 그대로 두어 암에 걸리면 항암치료를 할 확률도 높고 바로 유방재건성형이 어려울 수 있습니다. 배우로서 활동하기도 어려워집니다. 더 중요한 것은 항암치료를 하거나 생명을 잃을 가능성을 차단할 수 있습니다. 해결하기 위한 비용이 안젤리나 졸리에게는 생계를 위협하는 정도는 아니었을 것입니다. 어머니의 고통을 목격한 안젤리나 졸리가 트라우마 앞에서 무너졌다고 할 수 있을까요? 자기 방식대로 적절하게 극복한 것이 아닐까요?

반복적 행동은 불안을 더 키운다

우리의 불안에는 실제적 해결 방법이 없는 경우가 많습니다. 불안을 해결하려고 직업을 바꾸거나 이민을 가기는 어렵습니다. 만약 가능하고 합리적인 방법이 있다면 실제적으로 해결하는 것도 방법이 아닐까 합니다.

그럼에도 불구하고 같은 검사를 자꾸 받지 말아야 하는 이유를 이야기했습니다. 반복적 행동을 통해서는 불안해질 수 있기 때문입니다. 독감 유행이 걱정되어 백신을 매년 철저히 맞는 것과 한 번에 20분씩 손을 씻는 강박행동이 어떻게 똑같겠습니까.

건강에 대한 염려가 합당하다고 불안이 심해지거나 내킬 때마다 불규칙적으로 위내시경을 하는 것은 권장하지 않습니다. 가족을 그 질병으로 잃었다면 해당 질병에 대해서는 조금 더 자주 검사해도 됩니다. 기간을 정하고, 의사와 상의하여, 더 자주 검사를 받는 게 좋다는 뜻입니다. 우리나라의 경우 만 40세 이상부터 1년마다 권장하는 위내시경 검사를 11개월마다 하는 것으로 조정해서 '적어도 1년'으로 정해놓고 1년을 절대 넘기지 않도록 정하는 것도 한 가지 방법이 될 수 있습니다. 여담이지만 건강검진은 12월보다는 봄이나 여름에 받는 게 좋습니다. 국민건강보험 공단에서 그해에 제공하는 검사를 다 받지 못한 사람들이 해가 다 가는 12월이 되어서야 검사를 받는 경우가 많습니다. 의사도 사람인데 하루에 다섯 건을 검사할 때와 30건을 검사할 때의 정성이 다를 수밖에 없습니다. 12월에 환자들이 몰리면 아무래도 더 자세히, 충분한 시간을 들여서 검사하기가 어렵습니다.

저도 작은 의원을 운영하지만 동네 의원이 미덥지 못하다면, 큰 기관에 가서 한 번에 검사를 받는 것이 좋습니다. 여러 번 받는 것은 내 마음 건강을 위해 부디 피하는 것이 좋습니다.

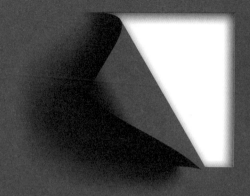

9장

과거의 기억에서
벗어나기 어렵습니다:
트라우마 및 PTSD

트라우마란 무엇인가

요즘은 심리적 외상, 트라우마라는 말을 과도하게 쓰는 경향이 있습니다. "그 일로 트라우마가 생겼어."라는 식으로요. 과거가 차곡차곡 쌓여서 지금의 내가 됩니다. 사람은 누구나 과거의 영향을 받습니다. 그러므로 심리적 외상의 영향은 광범위합니다. 태어나는 것 자체가 트라우마라고 하는 사람도 있지만, 살면서 겪었던 부정적인 경험이라고 해서 무조건 트라우마라고 볼 수는 없습니다. 정신건강 영역에서 트라우마라는 것은 일단 생명을 위협당하는, 죽음에 가까운 경험입니다. 꼭 내가 경험하지 않고 목격하는 경우도 해당됩니다. 외상후스트레스장애PTSD는 그런 트라우마로 인해서 질병이 발생했을 때 진단할 수 있습니다.

하지만 죽음은 무엇입니까. 인간은 사회적인 동물이라서 사회적인 죽음도 있습니다. 예를 들어 시험 시간에 방귀를 뀌었다면, 긍정적이고 건강한 사람은 웃어넘기며 지나갑니다. 그렇게 잘못한 일도 아니니까요. 하지만 어떤 사람은 놀림을 받을 때 나는 끝장이라는 생각을 합니다. 그 뒤로 학교에 갈 때마다 불안해지고 악몽을 꿉니다. 당시 느낀 수치심 때문에 몇 년간 힘들어하기도 합니다. 물론 생명을 위협받지는 않았습니다. 교과서적으로 PTSD를 진단할 수 있을 만한 트라우마는 아닙니다. PTSD는 아무리 증상이 심한들, 생명의 위협을 받는 트라우마로 인해서 발생한다는 전제를 담고 있습니다. PTSD 이외의 대부분 정신건강 문제는 원인이 무엇인지 별로 중요하게 생각하지 않는데도 말입니다.

사건은 주관적으로 해석된다

한 가지 사건은 이후의 미래와 연결되어 있습니다. 그 사건으로 인해 시험을 치를 때마다 긴장하고, 사람들이 나를 놀리거나 우습게 보는 상황에 극도로 예민해져서 살아갑니다. 그렇다면 그건 사회적 동물로서의 죽음에 가까운 경험이라고 볼 수 있습니다. 물론 그 경험이 주관적이라는 것이 문제입니다. 같은 경험도 기존의 회복탄성력resilience에 따라 충분히 극복할 수 있습니다. 같은 일을 웃어넘기는 사람도 있습니다. 전쟁에 다녀와서 그걸 자랑스럽게 이야기하는 사람이 있는가 하면 사람들 앞에 나서지도 못하는 사람이 있듯이 말입니다.

트라우마를 겪기 전의 과거와도 관련이 있습니다. L씨가 횡단보도를 건너다가 차에 부딪혔습니다. 굉장히 아팠지만 뼈가 부러지거나 주요 장기에 손상을 입지 않았습니다. 그러나 부딪히지도 않은 부분까지도 복합적인 통증이 시작되었고 머리가 지끈거리고 잠도 자기 어려울 정도로 긴장되었습니다. 자동차 보험회사와 가해자는 억울합니다. 정말 간단한 사고였는데 왜 이 사람은 낫지 않는지 모르겠습니다. 사실 L씨는 어렸을 적 교통사고로 아버지를 잃었습니다. 아버지는 퇴근길에 산 붕어빵 봉지를 들고 오다가 집에 거의 다 왔을 때 마지막 횡단보도에서 트럭에 치였습니다. 병원으로 옮겼으나 일주일 만에 돌아가셨습니다. 느린 속도의 차와 부딪혔지만 그 순간에 L씨는 이제 죽는구나 그렇게 생각했고, 온몸이 긴장되고 놀라서 그 긴장이 도무지 풀어질 줄 모릅니다. 예전의 일상을 잃은 것만 같습니다.

같은 사건에 대해서 우리 몸과 마음은 나도 모르는 사이 해석을 합니다. '저건 위험한 일이야' 또는 '이제 끝장이야', '나는 잘 극복할 수 있어' 등 다양합니다. 예전의 기억에 비추어 트라우마를 경험합니다. 과거 부정적 사건을 잘 경험했으면 몰라도 그대로 버려둔 기억이라면 최근의 작은 사건에도 심하게 불안해질 수 있습니다. 각자의 마음이 같은 사건도 다르게 받아들인다는 점을 이해해야 합니다.

트라우마는 지나간 일입니다

트라우마는 원래 불쑥 나타납니다. 첫 번째로 가장 자주 나타나는 때는 우리가 방심하고 있을 때입니다. 언제일까요? 잠을 잘 때입니다. 낮에는 트라우마를 상당히 잘 다룰 수 있게 극복한 사람마저도 악몽은 남아 있는 경우가 많습니다. 악몽이 도대체 뭐냐고 묻는다면 실제 겪은 트라우마가 꿈속에서 반복되며 해석하기 쉬운 꿈입니다. 너무 생생해서 수면을 방해하는 경우도 악몽에 해당됩니다.

흔히 개꿈이나 도대체 뭔지 모르는 뒤숭숭한 꿈을 꾸는 것은 행운입니다. 악몽보다 낫습니다. 왜 꼭 해몽을 해야 합니까? 꿈은 원래 비논리적입니다. 이해할 필요가 없습니다. 잠자는 동안 우리 뇌는 많은 일을 하는데요. 소시지를 딱 보고 돼지의 모습을 떠올리기는 힘들듯, 의미를 잘 해석하기 어려운 모호한 개꿈은 가공secondary process이 잘 이루어진 결과입니다. 우리 뇌가 기억을 가공하는 까닭은 무엇일까요? 잠을 방해하지 않기 위해서입니다. 잠을 자면서도 낮과 같은 수준으로 논리적 생각을 하면 편하게 잘 수 없습니다.

수년 전 길을 가다가 동네 불량배들과 시비가 붙었는데 언쟁을 하는 와중에 뒤에서 각목으로 내리치는 폭행을 당한 남자가 있습니다. 만약 그때의 가해자들이 각목으로 때리는 꿈을 날것 그대로 꾼다면 어떻겠습니까? 깜짝 놀라 식은땀을 줄줄 흘리며 잠에서 깰 것입니다.

몇 년 뒤, 그 사람이 치료를 받고 나으면서 꿈을 꿨습니다. 택배가 와서 문을 열어줬더니 배달원이 젓가락으로 등을 툭툭 치는 꿈이었습니다. 그는 무심코 이야기했지만 치료자는 그 꿈의 의미를 이해할 수 있었습니다. 각목이 젓가락으로 작아지고, 때리는 게 아니라 툭툭 치는 정도니까 번거롭고 짜증날 뿐이지 예전만큼 공포에 압도되지 않는 것입니다. 그러나 아직도 택배처럼 일상적인 상황에서 공포가 찾아올 것이라는 걱정이 있습니다.

더 오랜 시간이 지나 강아지를 산책시키고 돌아와서 잠을 자는데, 꿈에 강아지들이 나옵니다. 강아지들이 길을 가다가 서로 싸움이 붙었는데 한 강아지가 뒤에서 왕 하고 다른 강아지에게 달려드는 꿈을 꿉니다. 옛 기억의 흔적은 남아 있지만 강아지로 바뀌었고, 그날의 일상과 뒤섞여 나타났고, 꿈속에서는 직접적인 트라우마를 재경험하는 것이 아니므로 자던 잠을 계속 잘 수 있었습니다. 시간이 흐르면서 트라우마에 대한 기억은 여전히 남아 있지만, 더 이상 그 기억이 나를 덜 괴롭히게 된 것입니다. 간단하게 줄여서 썼지만, 이 정도의 성공적인 변화가 한순간에 이루어지는 것이 아니었습니다. 이 정도의 변화를 위해서도 많은 기다림이 필요했습니다.

마치 악몽을 낮에 꾸는 것처럼 트라우마가 튀어나오는 경우도 있습니다. 이를 플래시백flash-back이라고 합니다. 영화에서 주인공이 막 싸우는 순간에, 옛날에 싸우다가 구하지 못한 가족의 모습이 스치듯이 확 지나가서 주인공은 깜짝 놀라고 맙니다. 과거의 기억이 번쩍 튀어 오르는 모습을 말합니다.

낮에 멀쩡하게 깨어 있는데 플래시백이 나타날 정도면 굉장히 심하다고 볼 수 있습니다. 사실 PTSD는 꾀병이 상당히 많은 질병인데요. 분명한 것은 트라우마를 다루고 PTSD를 호소하는 데 있어 100퍼센트 진실은 없으며, 100퍼센트 꾀병도 없다는 것입니다. 군대에서 트럭이 전복되어 그 뒤로 운전이 무섭고 무너지던 당시의 장면이 반복되는 것을 경험하며 훈련에 못 나간다면 꾀병일까요? 타고 있던 트럭이 전복되면 당연히 놀라겠지요. 우리의 일상에서 단지 '놀랐다'는 말로 그 공포를 설명할 수 있을까요? 그렇다고 100퍼센트 진실만 있겠습니까? 여기에는 국방의 의무를 다하려다가 겪지 않아도 되는 일을 겪어서 힘든데, 그걸 좀 알아주고, 이해해주고, 배려해달라는 마음도 있는 겁니다.

해리 현상

악몽, 플래시백 모두 트라우마가 반복되는 것처럼 몸이 다시 경험하는 과정입니다. 차이가 있다면 플래시백이 깨어 있을 때 일어나고, 해리dissociation의 일종이므로 훨씬 더 심각한 증상입니다. 예전에 영혼과 몸이 분리되는 현상을 '유체이탈'이라고 부르며, 미스터리 프로그램에서 다루기도 했는데요. 그런 식으로 잠자거나 다른 활동을 하는 자기 자신의 모습을 보기도 하고, 때로는 트라우마를 겪고 있는 자신을 멀리서 바라보는 구경꾼이 되기도 합니다. 이러한 현상은 겪은 '사건'과 '감정'을 분리하려고 하기 때문에 일어납니다. 왜 그렇게 해야만 할까요? 다시 떠올리면 너무 괴롭기 때문입니다.

해리 현상 또는 악몽이나 플래시백 같은 재경험이 나타나는 순간, '지나간 일로 진짜 괴롭구나'라고 느낄 수 있을까요? 그렇지 않습니다. 그 상황에 놓이면 과거의 일을 과거라고 인지하기 어렵습니다. 현재와 과거가 뒤섞이게 됩니다. 과거를 과거로 인식 못하고 지금 일어난 일처럼 생각하는 것이죠.

혹시 나를 괴롭히는 기억이 있습니까?

그건 정말 지나간 일입니까?

이 질문에 그렇다고 쉽게 말하지 못하는 사람들이 꽤 많습니다. 지나간 일이라는 확신이 없기 때문입니다. 하지만 다시 생각해보면 그건 지나간 일이 맞습니다. 극도의 불안 속에서 우리는 과거와 현재를 혼동할 수 있습니다.

마음을 더 힘들게 하는 자극일반화

트라우마는 뇌에서 사건과 닮은 장면을 만들 때만 문제가 아닙니다. 즉 악몽이나 플래시백이 있어야만 꼭 트라우마를 다시 경험하는 것은 아닙니다. 그게 어쩌면 더 큰 문제입니다.

중학교 시절 나를 왕따시킨 친구가 있다고 합시다. 가해자를 몇 년 만에 길에서 마주쳤을 때를 생각해봅시다. 그런 상황에서는 상대방이 날 피하든, 당당하게 걸어오든, 웃으며 말을 걸든, 말을 걸지 않고 지나가든 기분 나쁠 것입니다. 화가 나고 불안하고 가해자가 밉다고 해서 트라우마를 극복하지 못한 건 아닙니다. 며칠 동안 그 생각이 났지만 그래도 내 할 일을 잘하고 지냈다면 괜찮습니다. 그러나 만약 길에서 마주친 사람이 가해자가 아니었다면요? 몇 초간 오해를 할 수는 있겠지만 사실은 가해자가 아니라는 것을 알았을 때 그 감정이 사라져야 정상입니다. 사람의 얼굴을 식별하는 기능이 작동하기 전에 일단 그 비슷한 사람을 보고 놀라서 가슴이 두근거리고 토할 것 같고 어지럽다면 어떨까요?

트라우마 또는 관련된 자극에 대해서만 힘들어하는 것이 아니라 더 넓은 범위, 비슷한 자극에 힘든 경우를 자극일반화라고 합니다. 키가 176센티미터인 남성에게 성추행을 당했다고 해서 키가 큰 모든 남성을 볼 때마다 공황발작처럼 깜짝 놀라거나 굳어버리는 경우 얼마나 힘들고 지치겠습니까. 자극일반화의 범위가 넓을수록 트라우마 증상이 심하다고 볼 수 있으며 생활에서 지장받는 부분도 커집니다. 나에게 창피를 준 선생님 때문에 교사라면 무조건 피한다거나, 아버지의 학대로 남자를 모두 혐오하는 경우 사는 게 얼마나 불편하겠습니까. 진짜 가해자와 가해자와 닮은 존재를 구별하는 것도 트라우마의 치유에 중요합니다.

트라우마의 영향은 심각하고, 현재가 과거를 이기기 어렵습니다. 하지만 이겨내기 불가능한 것은 아닙니다. 파도가 밀려와도 모래성을 쌓는 것 같은 힘겨운 싸움이지만 말입니다. 기억이 주는 괴로움은 그렇습니다. "기억을 지우는 약을 주세요." 라고 말하는 사람들이 진짜 그런 약이 있다고 믿어서 그런 말을 하는 게 아닙니다.

기억이라는 것은 지우개처럼 선택적으로 지울 수 있는 것이 아닙니다. 너무 괴로운 사람이 기억을 지우려고 하다 보니, 지우지 말아야 하는 중요한 기억까지 다 지워버리면 드라마에 나오는 것처럼 일정 구간의 기억이 지워지는 해리성기억상실을 겪기도 합니다. 드라마에 나오는 빈도에 비해서 실제로는 굉장히 드문데요. 그것도 자기 이름, 살던 곳 등을 잊는 게 아니고 관련해서 주변의 좋은 기억까지 기억이 안 나는 경우는 많습니다. 즉 학창 시절 여름방학에 놀러가다 교통사고가 났는데 그 학년 전체가 거의 기억이 안 나기도 합니다.

나도 모르게 왜 기억을 지우려 할까요? 그저 너무나 괴롭기 때문입니다. 내 일이 아니라고 분리를 시키니까 좋은 기억도 나쁜 기억도 내 것이 아닌 것처럼 착각합니다. 한 번의 트라우마보다는 여러 번 반복해서 겪는 복합외상후스트레스장애 complex PTSD에서 좀 더 자주 나타납니다. 너무 힘들고, 또 힘들 것이 뻔하니까 기억을 삭제하는 겁니다. 왜 그 순간에서 나를 분리해서 멀리서 바라볼까요? 내 자신이 겪고 기억하기에는 너무나 괴로우니까요. 해리라는 건 플래시백이든 기억상실이든 살려는 노력입니다.

이렇게 트라우마라는 것은 자기만의 경험 속에서 이해할 수 있는 것이고, 과거인데도 현재처럼 느끼는 것, 그리고 내 존재를 분리시키고 자기를 잃게 만드는 특성을 갖고 있습니다.

타인의 트라우마를 이해하는 데 있어서 중요한 것

트라우마는 단순히 고통스러운 과거의 사건이 아닙니다. 힘든 일을 겪었다고 누구나 PTSD도 아닙니다. 그런 진단명이 붙지 않으면 뭔가 이해받지 못하는 느낌을 가질 수 있다는 것도 압니다. '아프다'라는 것은 삶의 예상치 못한 힘든 경험에 대처하는 여러 가지 방식 중 하나입니다. 즉 PTSD는 질병일 뿐이며 PTSD 증상을 앓는다고 더 힘든 사람이고, PTSD에 해당하지 않는다고 트라우마에서 자유로운 것도 아닙니다.

PTSD라는 질병보다는 다른 이의 트라우마를 어떻게 이해하는 것이 좋을지에 대해 고민해보았습니다. 먼저, 트라우마의 피해자들이 보상받고 싶어 하는 마음을 이해해야 합니다. 금전적 보상도 중요하지만, 보상이 돈에 국한된 것은 아닙니다. 보상의 범위는 굉장히 넓습니다. 자동차 사고를 당할 경우 위로금이 그래도 위안이 됩니다. 교통사고를 당한 친구가 위로금을 받았다고 "치료비면 되지 왜 그런 것으로 보상받으려고 하니?"라는 말을 하지 않습니다. 금전적 보상은 하나의 상징이 될 수도 있습니다.

트라우마를 견딘다는 것

사람은 누구나 견디고 고생한 것이 인정받기를 바랍니다. 고통이 무의미하지 않기를 바랍니다. 배우자의 외도나 폭행에도 가정을 떠나지 않았던 엄마는 자녀들이 잘 자라서 효도하길 기대하는 마음이 클 수밖에 없습니다. 그런 엄마에게 "누가 우리 키우라고 했어?"라고 할 수 없는 노릇이지 않습니까. 도망가지 않는 것을 택한 것은 엄마이고, 트라우마 피해자로서의 무력감도 있었겠지만 말입니다. 인간은 왜 사는지, 삶의 의미가 무엇인지를 궁금해하는데, 아무도 자기 삶이 무의미해지는 것을 원하지 않습니다. 아우슈비츠에서 생존한 유대인들이 역사적으로 그 사건을 알리고 바로잡는다는 사회적 대의도 있었겠지만 자신이 트라우마를 견뎠다는 것을, 그 의미를 나누고 싶은 개인적인 의미도 있었다고 봅니다. 베트남 참전 용사들이 여전히 배지를 달고 다니는 것도 비슷한 이유라고 할 수 있습니다. 고생한 것을 인정받으려는 마음과 사회적으로 이해해달라는 마음이 나쁠까요? 어려운 문제입니다.

어째서 다른 이의 트라우마를 이해해야 할까요? 그 아픔을 공감하는 과정은 내 자신의 과거와 지금까지도 힘들 수밖에 없는 이유를 이해하는 데 큰 도움이 됩니다. 남을 위해주는 마음을 억지로 가지라는 이야기가 아닙니다. 남보다 내가 소중합니다.

다만 남의 이야기를 듣고 그게 어쩔 수 없다는 것을 이해한다면 '나 역시 어쩔 수 없었구나' 하고 이해하는 시작이 될 수 있습니다. 지나간 일을 여전히 방금 일어난 일처럼 여기는 모습이 안타깝다면 '내 일도 지나갔지만 지금은 안전하다' 이렇게 생각할 수 있습니다.

제가 여러 번 강조하는 것이 바로 '나를 위해서 남에게 공감하기'입니다. 남에게 착한 사람이 되자고 말씀드리는 것이 아닙니다. 사람들이 착해지는 것 또한 실은 나 자신을 위해서입니다. 내가 트라우마를 딛고 살아남아서, 세상을 더 강하게 살기 위해서입니다. 트라우마의 망령에서 벗어나기 위해서입니다.

내 이야기는 남 이야기처럼 거리를 두고, '친구에게 이 일이 생겼더라면 뭐라고 말할까'라고 생각해봅니다. 남 이야기는 내 이야기처럼 느껴보면서 스스로에 대한 가혹함을 깨달아봅니다.

트라우마에 대처하는 각자의 방식

누구나 힘든 만큼의 감정을 표현하지 않습니다. 슬프면 울고, 기쁘면 웃으며 사는 것이 좋습니다. 스스로도 그리고 남들도 이해하기 쉽기 때문입니다. 이해하기 쉬워야 공감을 통해 위로하는 것도 가능하기 때문입니다. 정말 죽을 것같이 힘들어야 그제야 한숨 쉬며 "힘들다."라고 한마디 하는 사람이 있는 반면 아주 조그만 고통에도 온갖 울상을 다 짓고 힘들다고 여러 번 말하며 징징대는 사람도 있습니다. 감정을 절제하는 쪽이 꼭 좋다는 이야기는 아닙니다. 힘든 것을 표현하는 것은 능력이며 생존 방식이니까요.

삶을 돌아보면 저는 무척 힘든 일에 대해서는 크게 감정을 표현하지 못했던 경우가 많습니다. 그 대신 조금 힘든 일에 대해서는 사람들에게 이야기를 잘했던 것 같아요. 조금 힘든 것은 잘 징징대는데 너무 충격적일 때는 아무것도 못하고 얼어붙어버리는 사람. 이상하게 보일지 모르지만 그런 사람이 저말고도 꽤 있더군요. 모든 사람이 그런 것은 아니에요. 작은 일이든 큰 일이든 잘 표현하는 사람, 남의 감정을 빨아먹는 방법이 아니고 언어로 잘 표현하는 사람이 가장 좋다고 봅니다. 이런 얘기를 하는 이유는 트라우마에 대한 대처 방식이 다들 다르기 때문인데요. 즉 누구나 똑같은 방식으로 고통을 다루지 않는다걸 꼭 이해해야 한다는 점입니다.

고등학교 때 한 친구가 교통사고로 세상을 떴습니다. 그 친구의 편지를 울며 100번쯤 읽었어요. 별 내용은 없었습니다. 반면 친구들 중에 그의 영정사진을 들고 운동장을 돌면서 펑펑 우는 친구들이 있었는데 부러웠습니다. '나도 저렇게 펑펑 울고 싶다.' 남들 앞에서는 눈물이 나지 않았습니다. 20년이 지나 제가 존경하던 분이 돌아가셨습니다. 사람들은 그분의 죽음을 알리고 추모행사를 기획했는데 저는 앞에 나서서 아무것도 하지 못했습니다. 그분을 추모하는 곳에 나설 수 없었다는 것, 그냥 제가 그런 사람이라는 것이 외로웠습니다. 그분이 떠난 것도 슬프지만 왠지 그분을 잃은 고통에 대처하는 이런 방식도 이해받지 못할 것 같았습니다. 〈너의 췌장을 먹고 싶어〉라는 애니메이션을 보면 소중한 사람의 장례식장에 가지 못하고 혼자 방 안에서 우는 사람이 나옵니다. 저는 이해할 수 있습니다. 슬픔을 나누면 반이 된다고 하지만, 때로는 그렇게 해서 내 슬픔이 반이 되기를 원하지 않는 사람도 있으니까요.

같은 트라우마 이후에도 어떤 사람은 사회적으로 이슈를 만들기 위해 애쓰고 어떤 사람은 경제적인 보상을 받기 위해서 애쓰고 어떤 사람은 기록을 남기기 위해 애쓰고 어떤 사람은 잊기 위해서 그 사건을 떠올리는 것 근처에는 가지도 않고 일상을 살아냅니다. 어떤 것도 잘못된 방식이 아니라고 봅니다. 무엇인가를 하고 있다면, 앞으로 나가고 있다면 트라우마에 바르게 대처하는 것입니다. 그게 무엇이든 좋습니다. "넌 힘들지도 않니?"라고 여기지 않는 세상이 되면 좋겠습니다. 똑같이 느끼도록 강요하는 것은 하나의 폭력입니다.

교통사고를 심하게 당한 후 운전을 못하는 사람이 있습니다. 그 사람이 운전대를 다시 잡아야만 트라우마를 극복한다고 말하는 사람도 있습니다. 하지만 이런 전통적이고 좁은 의미로 트라우마를 극복해야 하는 것은 아닙니다. 운전하지 않고도 살 수 있습니다. 대중교통을 이용하면서 열심히 출퇴근하고 사람들을 만나며 산다면 그것도 잘 살고 있는 겁니다. 물론 이런 경우 중요한 것은 현실과 욕구의 균형입니다. 트라우마의 잔재로 내가 하고 싶은 일을 못하고 있다면 그건 문제입니다.

성폭행을 당한 이성애자 여자가 그 이후 남자가 너무 싫어졌다면? 남자가 너무 싫다는 쪽으로 주관적인 의식 수준이 이동했기 때문에 남자와 결혼하지 않고 독신으로 지내도 내 할 일을 잘 하고 친구들을 만나며 산다면 괜찮습니다. 그런데 남자가 두려워서 밖에도 나가지 못하고 길에서 남자만 봐도 깜짝깜짝 놀란다면(과각성, hyperarousal) 문제가 있지 않겠습니까? 모든 남자가 싫어져서(자극일반화) 아빠와 남동생까지도 혐오하게 된다면 참 불편하지 않겠습니까? 이렇게 현실 세계에 문제가 생기게 됩니다. 또한 마음으로는 남자와 연애를 잘하고 싶은 마음이 가득한데, 두려움 때문에 하지 못한다면 욕구를 달성하는 데도 문제가 생기겠지요. 현실과 욕구의 균형에서 크게 벗어나지 않는다면 트라우마를 해결하는 방식은 각자 달라도 모두 옳습니다.

다른 이의 고통을 이해하면서 내 자신의 묵은 기억을 잠재울 수 있게 되는 것은 삶의 마법입니다. 이걸 잘하려면 기억을 잊기보다는 주변에 좋은 사람을 두려고 애써야 합니다. 그러기 위해 앞서 거절하고 끊어내는 훈련이 중요합니다. 좋은 관계를 통해 트라우마의 흔적은 옅어집니다. 사람과의 좋은 관계가 아직 어렵다면 좋은 책과의 관계도 도움이 됩니다.

자기용서, 트라우마 치유의 첫 단계

주디스 허먼의 명저 《트라우마》에서는 트라우마를 회복하는 데 가장 중요한 것은 안전 문제라고 했습니다. 현재 또는 치료자와의 관계가 안전하지 못하다고 느낀다면 트라우마를 꺼내서 다시 정리하는 작업 자체가 어렵다고요. 저는 이 말에 일부는 동의하고 일부는 동의하지 않습니다.

PTSD는 원래 전쟁에 참가했던 사람들이 일상으로 돌아오지 못하고 아직도 전쟁터에 있는 것처럼 생활하는 증후군을 통해서 처음 밝혀졌습니다. 그런 전통적인 관점에서 PTSD를 살펴본다면 '지금, 여기'는 '그때, 거기'가 아니고 훨씬 더 안전하다고 말할 수 있겠지요. 그건 상대적인 겁니다. 상대적으로 더 안전해진 것은 확실합니다. 물론 PTSD를 겪고 있다면 그 말을 믿기 어렵습니다. 만약 그걸 받아들인다면 더 잘 회복될 수 있는 것은 확실합니다.

하지만 세상이 정말 안전할까요? 불안과 걱정이 많은 저는 진짜 세상이 안전한지 의심스럽습니다. 확률적으로 2차 세계대전이 벌어지던 프랑스보다 갑자기 사망할 가능성은 적습니다. 여자는 좀 때려도 된다는 내용이 코미디 프로에 나오던 1950년대보다는 가정폭력의 피해자가 될 가능성은 적습니다. 네안데르탈인보다는 맹수에게 잡아먹힐 가능성이 적습니다. 스티븐 핑커의 《우리 본성의 선한 천사》에서처럼 인류는 폭력성을 극복하고 있습니다. 하지만 그렇다고 요즘 세상이 전적으로 안전할까요? 성범죄, 왕따, 교통사고 등 새로운 트라우마의 피해자들에게 당신은 안전하다, 미래에 트라우마는 반복되지 않을 것이다, 그렇게 말할 수 없습니다. 미래는 예측할 수 없습니다. 근거 없는 무작정 긍정, 헛된 희망은 더 위험하기 때문입니다.

안전하다는 확신을 가지는 것보다는 죄책감을 없애는 것이 가장 중요하다고 생각합니다. 많은 사람들이 트라우마에 대해서 수치심과 죄책감을 가져서 스스로를 용서하지 못합니다. 남에 대한 원망이 차라리 낫습니다. 스스로를 자책하면 더 힘들어집니다. 트라우마에서 벗어나기 어렵습니다. 만약에 스스로 트라우마를 유발했다면, 그 범인이 정말로 나라면, 예전의 트라우마가 또 생길 수 있습니다. 그렇게 생각하니 자꾸 더 힘듭니다. 나는 트라우마를 겪을 만큼 바보 같고 대처를 잘 못하는 사람이라는 생각에서 벗어나야 합니다.

무방비의 나를 혼내지 말 것

나쁜 일을 겪고 싶은 사람은 아무도 없습니다. 진심으로 불행을 원하는 사람은 아무도 없습니다.《트라우마 탈출 8가지 열쇠》에서도 트라우마 탈출을 위해서는 자기 자신의 한계를 용서하는 것이 정말 중요하다고 합니다. 많은 사람들이 트라우마를 예견·예방하지 못하고 멈추지 못했던 것, 대항하지 못하고 도망가지 못했던 것, 꼼짝 못한 것, 그 모든 대처를 후회합니다.

사람이 웬만한 공포에서는 싸우거나 도망가는데fight or flight 진짜 심하게 무서우면 그냥 그 자리에서 굳어freezing버립니다. 그러니 술에 취한 팀장이 내 가슴을 만져도 손을 확 뿌리치지 못하는 거고요. 우리 부모님이 이혼했다며 단톡방에서 나를 비웃은 것을 알아도 아무런 말도 하지 못하는 것입니다. 우리가 평소에 조금 공포를 느낄 때와 달리, 극심한 공포를 느끼면 아무런 대처도 할 수 없음을, 그런 인간의 한계를 인정해야 합니다.

공포에 압박되어 아무것도 할 수 없는 그 상태, 이해가 되나요? 만약 얼어붙기 반응을 이해 못하는 사람이라면 두 가지 경우에 해당합니다. 첫 번째는 정말로 극심한 트라우마를 한번도 겪어보지 못한 사람입니다. 행운아죠. "왜 무섭다면서 도망 못가?"라고 말할 수도 있습니다. 이런 반응을 보이는 사람들이 당신을 염려하지 않거나 사랑하지 않아서가 아니라 진짜 몰라서 그럴 수도 있음을 조금만 이해해주면 좋겠습니다. 두 번째 경우가 더 안타까운데, 본인이 아직 트라우마에서 회복하지 못했기 때문에 얼어붙기 반응이 오히려 이해 안 될 수 있습니다. 그래도 도망쳤어야지, 그래도 말을 되받아쳤어야지, 그래도 거절했어야지라고 생각할 수 있어요. 내 책임이 아닌데도, 원래부터 내가 할 수 있는 일이 아니었는데도 '그랬었어야 해!'라고 생각하는 거죠.

'~해야만 한다'라고 일상에서 과도하게 의무에만 집착하는 것, 하고 싶은 일이 아니라 해야만 하는 일에 파묻히는 것도 마음 건강에 좋진 않습니다. 그러나 그보다 더 안 좋은 것이 바로 '~해야만 했어'입니다. 과거에 대해서 끊임없이 곱씹지만 답은 없습니다. 너무나 공포스러웠기 때문에 그 공포를 직접 겪지 않은 내가 판단하는 만큼, 평소의 이성적인 내 사고방식처럼 그렇게 대처할 수 없었던 겁니다. 보이스피싱으로 남의 돈 몇 천씩 뜯어내는 사람들이 똑똑하고, 속는 사람들이 바보 같아서 그런 게 아닙니다. 속이는 쪽은 계획을 하고, 속는 쪽은 아무런 계획을 세우지 않은 상태입니다. 제가 무기를 들고 있다면 잠 자는 격투기 선수를 이길 수 있습니다. 그런 원리입니다. 이성 적인 내가 무방비의 감정적인 나를 계속 혼내지 마세요. 진료 하면서 종종 아래와 같은 이야기를 합니다.

……나는 나이가 어렸습니다. 나는 무방비 상태였고 상대방은 치밀 하게 계획했습니다. 나는 도움을 요청할 방법도 몰랐습니다. 나는 도움을 청했지만 제대로 도움받지 못했습니다. 나는 너무 당황해서 아무것도 생각나지 않았습니다. 나는 그런 상황을 한 번도 보거나 들 은 적이 없었습니다. 나는 그런 일이 일어나지 않기를 바랐습니다. 내가 막을 수 있었던 일이 아닙니다. 나는 속았습니다. 나는 정신이 없었습니다…… 그래도 나는 살아남았습니다.

나에게 해당하는 다른 이유를 생각해보는 것도 자기 용서를 위해서 필요합니다. 단, 그 사건은 재수 없었거나 운이 안 좋았다 정도의 생각은 해도 좋습니다. 그건 사실입니다. 재수가 없었습니다. 그런 끔찍한 일을 겪지 않은 사람들은 행운아입니다. 내가 못나서 그런 일을 겪은 것이 아닙니다. 당신의 잘못이 아닙니다.

좋은 기억으로 바꿀 수 있을까

안 좋은 기억을 계속 가져가고 싶은 사람은 없습니다. 충격적인 트라우마일수록 더 생생하게 기억납니다. 팔에 화상을 입어 흉터가 남은 데다가 아직도 그쪽 피부가 당기는 상황을 떠올려봅시다. 흉터 남은 팔을 더 자주 들여다보게 됩니다. 나쁜 기억으로 더 자주 신경 쓰게 됩니다. 우리는 소중한 것 대신 굳이 괴로운 것을 기억해냅니다. 미래에 대비하기 위해서 인간은 불안해졌습니다. 그런 일이 또 일어날 수 있으니 대비하라고 합니다.

좋은 기억은 자주 들춰보기

좋은 기억을 자주 들여다보는 것이 불가능한 것은 아닙니다. 자연스럽게 될 리는 없고 끈기 있게 노력해서 간신히 할 수 있습니다. 그래서 우리는 클라우드에 정리한 지난 사진을 찾아서 봅니다. 서랍 속의 편지를 꺼내서 다시 읽어봅니다. 동창회를 마련해 모여서야 웃고 떠들며 추억을 기억할 수 있습니다. 요즘은 SNS에서도 '1년 전 오늘'을 알려주면서 좋은 기억을 들여다보게 돕습니다. 물론 그 사이 어색해진 사람과의 기억인 줄 모르고 자꾸 알려주긴 하지만.

가만있어도 좋은 기억이 떠오른다면 굳이 이런 노력을 할 필요는 없습니다. 좋은 기억은 원래 떠올리기 힘든 것입니다. 그러니 사진, 글, 기억을 공유하는 다른 사람 등의 증거를 통해 자꾸 떠올리려고 애써야 합니다. 복습밖에는 방법이 없습니다.

지금 너무 불안한 상황이라면 내가 잘했던 것이 떠오르지 않습니다. 미래에 대해 확신할 수 있는 사람은 없습니다. '앞으로 좋은 일만 일어날 거야'라는 것은 예측이 아니라 바람입니다. 앞으로 내가 넘어지더라도 잘 일어날 수 있다는 확신을 가지려면 정신적 외상에 끊임없이 빠져들어서는 안 됩니다. 과거부터 지금까지 내가 잘해왔다는 증거를 확보하는 수밖에 없습니다. 흑역사도 도움이 됩니다. 내가 더 나아졌다는 증거입니다. 리즈 시절도 괜찮습니다. 그렇게 아름답게 산 적이 있다는 증거입니다. 미래에도 지금을 돌아보게 될 것입니다. 지금의 무엇을 기억하고 싶습니까? 미래에 돌아볼 만한 좋은 기억을 만드는 것은 가장 좋은 투자입니다.

일부러 미래 걱정해보기

이런 노력에도 불구하고 과거에 자꾸 매몰되면 미래도 그렇게 될 것 같아서 불안합니다. 지금 어찌할 수 없는 고통스러운 과거를 자꾸 곱씹는 것보다는 미래를 걱정하는 것이 낫습니다. 좋은 생각을 할 수 있다면 더할 나위 없겠지만 부정적인 기억을 갑자기 희망찬 생각으로 바꾸기는 어렵습니다. '최악의 생각'을 '그나마 덜 부정적인 생각'으로 바꾸는 게 어떻습니까? 한번 미래를 일부러 걱정해봅시다. 이 나라 돌아가는 꼴을 욕하면서 불쾌한 감정을 느껴봅시다. 저출산이 지속되면 내 노후가 어떻게 될지 걱정해봅시다. 화가 나고 불안해도, 지나간 일에 대해서 불안해하는 것보다는 낫습니다. 살인마와 도둑이 절대로 똑같이 나쁘지 않듯, 과거를 마치 현재처럼 착각하고 다시 경험하는 것보다는 미래에 대한 걱정이 낫습니다. 아무도 지나간 일을 되돌릴 수 없기 때문입니다. 아직 생기지 않은 일에 실컷 불안해보는 것, 우리는 평생 불안과 함께 하는 존재이기 때문입니다.

두려움 없는 삶을 원했습니다

어릴 적부터 겁이 많았습니다. 죽음이 두려웠는데 영원히 사는 것도 또 걱정되었습니다. 개한테 물릴 뻔한 이후로 단독주택이 있는 동네를 지나가지 못하고 몇 년간 있을지 없을지 모르는 개를 피해 빙 돌아서 학교에 갔습니다. 일부러 길을 돌아갔다가 더 공포스러운 일을 겪고 말았습니다. 고등학교 때는 하루 건너 가위에 눌렸습니다. 20대부터 자주 내시경을 받았습니다. 남들도 그럴 거라고 생각했습니다. 끊임없는 불안 속에서도, 그 불안 때문에 하던 일을 놓은 적은 없었습니다. 시험 볼 때 늘 심장 뛰는 소리가 들릴 정도였지만 그 긴장을 오롯이 받아들였습니다. 오히려 치열하게 매달렸습니다. 불안과 더불어 살지 않으면, 어찌할 수 없는 삶이었습니다.

마흔이 되어도 불안이 사라지지 않았지만 불안에 감사합니다. 털털한 성격으로 어떻게 정신과 의사를 하겠습니까? 불안하고 예민한 사람들을 어찌 이해하겠습니까? 이런 책을 쓸 수 있었겠습니까? 불안도 쓸 데가 있다고 위로해봅니다. 가족, 환자, 이웃들이 더 잘 살도록 겁을 먹어보자, 제대로 불안해보자, 그렇게 마음먹습니다.

불안은 미래지향적 감정입니다. 어차피 미래를 향해 가는 거니까 불안을 이기지 않기로 했습니다. 점점 더 가치 있는 일로 불안해지고 싶습니다. 불안을 다루는 여러 방법 중에 딱 하나만 고르라면, 현재에 감사하는 것입니다. 불안하다는 것은 잃을 것이 있다는 이야기입니다. 소중한 것이 있으니 불안합니다. 정말 다 놓아버린 사람에게는 불안이 없습니다. 당장 목숨을 잃어도 상관없는 사람에게는 공황이 오지 않습니다. 물론 공황이 너무 심하면 '이렇게 고통스러울 바에 살고 싶지 않아' 라고 순간 생각하기도 합니다. 하지만 이는 잠깐이고, 공황의 고통에 반응한 것일 뿐입니다. 결국 공황은 너무나 살고 싶기 때문에 생기는 일입니다.

두려움은 삶의 의지가 있다는 증거입니다. 살고 싶다는 증거입니다. 두려움이 없는 삶을 원했습니다. 그런 삶은 없습니다. 우리가 하는 모든 선택은 잘못될 수 있습니다. 아무것도 하지 않고 두려움조차 느끼지 않는 삶이 가장 의미 없습니다. 살아 있는 한 불안은 함께합니다. 다만 불안하다고 불행한 것은 아닙니다.

어떤 날은 불안하지 않을 수도 있습니다. 살다 보면 과거도 미래도 잊고 온전히 현재에 집중하는 순간, 영원함조차 인지하지 않는, 반짝반짝 빛나는 순간이 가끔 찾아옵니다. 밤하늘이 어두우니까 그 편안함이 순간, 반짝하는 것입니다. 밝은 하늘에 별이 반짝여봤자 우리가 그 순간을 행복하게 느낄 수 있을까요?

불안한 마음을
잠재우는
법